特別支援教育サポートBOOKS

発達障害のある子のための

アンガーマネジメント

本田恵子［編著］

大森良平・吉満美加［著］

米山　明［執筆協力］
全国療育相談センター 児童精神科 副センター長

JN032794

明治図書

はじめに

　2020年は，新型コロナの感染拡大により子どものストレスは尋常ではありませんでした。外に出られない，友達に会えない，学習が遅れる等不安が怒りになりやすい状況でした。子どもたちや学校を平常の状態に保つために，感染予防，オンラインや分散登校などの新しい形式での授業の計画や実施，とまどう子どもたちや保護者の心のケアなどを続けられた先生方のストレスも相当だったことでしょう。コロナ禍を引き金として，家庭で過ごす時間が増えたこともあり，家庭内の課題も浮上してきました。また，ソーシャルディスタンスを保つために，日常のコミュニケーションが制限されることも多くなっています。本書は，このような時代の中でも子どもたちの自然な感情を育成し，他者への共感性や相互理解を深めていける方法を紹介しています。

　本書は4つの章に分かれており，第1章でアンガーマネジメントの概要について紹介し，子どもたちがキレている現場で自分が落ち着いて対応できるコツを学びます。第2章では，子どもたちがなぜキレるのかについて，脳の機能から理解します。特に学校では，自主性や自律性が重要になるので，実行機能トレーニングについても紹介していきます。第3章は事例検討です。アンガーマネジメントを活用したクラス全体への予防教育，繰り返しキレてしまう子どもたちへの小グループのプログラム及び虐待や非行など心理的にトラウマを抱えた子どもたちへの個別アンガーマネジメントの事例を紹介し，先生方の介入のポイントを解説します。第4章でアンガーマネジメントDプログラムのしくみや使い方を紹介します。

　本書が，学校におけるアンガーマネジメントの実践に役立つことを願っております。

2021年8月　　　　　　　　　　　　　　　　　　　　　　　本田　恵子

Contents

CHAPTER 2
発達障害のある子どもの衝動性を理解する

CHAPTER 3
アンガーマネジメントのケーススタディ

CHAPTER 4
アンガーマネジメントプログラムの紹介

CHAPTER 1

アンガー
マネジメントの
基礎知識

1 アンガーマネジメントの歴史

アンガーマネジメントの成り立ち

　最近では日本においてもアンガーマネジメントという言葉をよく耳にするようになったと思いますが，実はアンガーマネジメントの歴史は古く，アメリカでは40年以上前から実施されています。1960年代から1970年代にかけて，アメリカは公民権運動や反戦運動，要人の暗殺，暴動，学生たちによるドラッグの使用など不安定で激動の時代でした。またアメリカ各地の学校では，校内暴力や図書館の爆破など子どもたちによる反社会的行動がニュースを埋め尽くしていたようです（Novaco, 1975）。

　こうした時代の中，1975年にレイモンド・ノヴァコ（Raymond, Novaco）によってアンガーマネジメントが開発・提唱されました（Novaco, 1975）。それまでに怒りの制御方法として有効とされてきたものとしては，生理的反応を抑えるリラクゼーション法や脱感作法など行動療法によるものでした。しかし，ノヴァコは怒りに対する認知的要因，つまり考え方や信念（例えば，怒りの正当化，自尊心，怒りのレベルへの気づきなど）の影響を検討した先行研究から，攻撃的な行動に先立って生じる怒りを制御するのにそうした認知的要因を用いることができるのではと考えました。ノヴァコはドナルド・マイケンバウム（Donald, Meichenbaum）の自己教示訓練（自分自身に語り掛ける言葉によって問題行動を修正していく）や，アルバート・エリス（Albert, Ellis）の論理情動行動療法（出来事に対する不合理な考え方を変えることで，行動や感情の問題を修正していく）などの，認知行動療法の視点を取り入れることで，怒りを生起あるいは制御する内的・外的なきっかけに気づき，怒りの制御能力の向上につながると考え，試

験的にアンガーマネジメントプログラムを実施しました。対象は17－42歳（平均23.32歳）の34名（男性18名，女性16名）でした。そしていくつかの介入の組み合わせの結果，リラクゼーション法と認知的要因への介入を行った群が怒りの制御において最も効果が出たことが明らかになりました。さらに，プログラム内でロールプレイを行ったことで建設的な対処行動ができるようになったと判断する参加者が増えたのです。

　こうしてアンガーマネジメントの基盤としての理論が固まり，その後のアンガーマネジメントの実践においても，基本的にはノヴァコによる生理的・認知的反応への介入・適応的行動の学習を組み合わせたものが参考にされました（Williams & Barlow, 1998）。その後，アンガーマネジメントは医療，教育，司法・行政などさまざまな領域に適用されるようになりました。

　ちなみに，日本では2005年に法務省保護局の暴力防止プログラムとしてアンガーマネジメントが初めて導入されました。そこで５年間の実践を行った結果，保護観察対象である暴力犯罪の再犯防止に効果があることが報告され，その後は刑事施設にも導入されています（本田，2008；本田，2016）。

学校現場でのアンガーマネジメントの普及と発展

　1980年代に入って，アメリカ各地の学校ではドラッグや暴力，発砲事件，学力の低下，学級崩壊などがますます大きな問題になりました。そこで，アメリカはスクールポリスや，小学校から高校までの児童生徒へのドラッグと暴力行為に対する予防的心理教育として，「Drug Abuse Resistance Education（D.A.R.E）プログラム」を導入し，学校現場でもアンガーマネジメントが実践されるようになりました。そして，1990年代に導入された「ゼロトレランス」という教育方針が，アンガーマネジメントの普及の大きな契機となりました。ゼロトレランス方式で処分が下された児童生徒たちには矯正教育という形でアンガーマネジメントが実施されていきました。

　このように，アンガーマネジメントが学校現場で普及してきた背景には，

1980年代，90年代の学校構内における多くの問題とそれに対する予防的心理教育を重視した活動により，これまで主な対象となっていた慢性的な怒りやそれに付随する問題を抱える成人や少年犯罪者から，通常の学校に通う児童生徒へと対象が拡大されていった経緯があります。

　同時期の日本の学校においても，校内暴力や学級崩壊などが問題となっていましたが，アンガーマネジメントが導入されるようになったのはアメリカでの実践から10年以上遅れた2000年代に入ってからでした。当初日本の学校現場におけるアンガーマネジメントの主な対象は，いじめや暴力，非行を繰り返す，あるいはキレやすい児童生徒でしたが，2000年代後半以降は予防的な視点が重視されるようになり，最近では学級あるいは学校全体での実践がなされるようになってきています（本田・高野, 2014；井芝, 2019；一志, 2016）。

　このように日本でも実践が広がっていることは確かですが，残念ながらその効果検証が十分でないのが現状です。アメリカ，カナダを中心に海外では既に多くのアンガーマネジメントの実践研究が行われていて，メタ分析（複数の実践研究の結果を統合して解析する）という手法によって，血圧の低下，怒りや攻撃性の減少，セルフコントロール・受容的な態度・問題解決スキル・ソーシャルスキルの獲得など，さまざまな領域で効果が明らかにされてきています（Candelaria, Fedewa, & Ahn, 2012; Sukhodolsky, Kassinove, & Gorman, 2004）。

発達障害児へのアンガーマネジメントの実践

　発達障害のある児童生徒の多くは，怒りを調整することに困難さを抱えるとされています。この背景として ASD には他者の気持ちや意図がわからない，自分の気持ちを言葉にして伝えることが苦手である，ADHD には見通しの立たなさ，考えなしに感情的に反応してしまうことなどが以前から指摘され，特性に応じた対応が行われてきました（Miranda & Presentación, 2000; Sofrnoff, Attwood, Hinton, & Levin., 2007）。こうした特性は，発

達障害のある子どもたちに日常生活における失敗体験を増やし，余計に感情的な刺激への耐性を弱め，しばしば凝り固まった思考や歪んだ認知（物事の見方）をつくりやすいと考えられます。さらに，1990年代に入ると脳神経科学の分野が発展してきたことで，発達障害のある人の実行機能（注意の切り替えや行動の計画を立てて新しい状況に柔軟に対応するなど）に何らかの不全があり，感情制御の困難さが指摘されるようになりました（Sofronoff et al., 2007）。

　発達障害のある児童生徒における感情制御の困難さの背景が明らかにされていくと同時に，海外では1990年代以降，発達障害や特別な配慮を要する児童生徒に対するアンガーマネジメントが盛んに行われるようになりました（Ho, Carter, & Stephnson, 2010; Sofronoff et al., 2007）。日本においても，1993年に「通級による指導」が制度化されたことで，気持ちと行動のコントロールや対人関係が苦手な児童生徒に対する支援の下地が形成されていき，発達障害のある子どもへのアンガーマネジメントの必要性が示される（本田，2002）など，学校現場におけるアンガーマネジメントのニーズが広がっていきました。

　2007年には「特別支援教育」が学校教育法に位置付けられ，発達障害のある児童生徒への支援ニーズがますます高まったことで，アンガーマネジメントの研修会も多く開かれるようになり，多くの教育者や支援者がアンガーマネジメントについて知る機会を得られるようになってきていると言えます。その結果，現在では大学附属のクリニックやカウンセリングルームなど，学校現場以外のさまざまな教育機関においてもアンガーマネジメントの実践が行われるようになりました。ただし，海外と比べるとやはり日本におけるアンガーマネジメントの効果検証は十分ではないと言えます。また，日本と海外では対象とする児童生徒の怒りの質や，学校環境，文化などさまざまな面で異なる部分が多く，効果検証が十分になされている海外の優れたアンガーマネジメントのプログラムやワーク集などを，一概に日本の子どもたちにもそのまま適用することは慎重になるべきであると思われます。（大森　良平）

2 アンガーマネジメントの目的

　アンガーマネジメントは，自分の欲求や感情を理解して適切に表現するために行うものです。感情には「質：どんな気持ちが」「量：どのくらい」「方向：誰に向かっているか」がありますので，それらを適切に理解して誰にどのように表現するかをマネジメントすることが目的です。アンガー状態では，さまざまな感情が入り混じっている上に「オートマチック思考」という衝動行動を引き起こしやすい考え方と連動しているため，周囲の人が巻き込まれやすくなります。そのため，学校でアンガーマネジメントを行う場合，まず，教員が対応が難しい児童生徒に巻き込まれないで冷静に支援に当たれるようにすることを目指します。

　教員向けのアンガーマネジメントには，児童生徒をキレやすくする言葉がけを止めて，彼らが受け入れやすい表現にする方法及び，アンガー状態の児童生徒を落ち着かせるために，彼らの気持ちを受け止めて，適切な行動に変容させるコミュニケーション方法があります（本田，2014）。児童生徒向けは，心理教育としてキレにくい子どもを育てるためにクラス全体に行うものと，繰り返してキレてしまう子どもに対して個別または小グループで行うものがあります。アンガーマネジメントプログラムについては，次節で紹介しますので，本節では教員自身がキレないようにするための①ストレスマネジメント，②オートマチック思考の変容，③ソーシャルスキルトレーニングについて解説します。

ストレスマネジメントを学ぶ

　アンガーマネジメントで最初に行うのがストレスマネジメントです。

アンガー状況では，体温，呼吸，心拍，血圧などの急激な増減に伴う筋肉の緊張や脱力等，さまざまな自律神経の反応が生じるからです。興奮した状態では冷静な判断や言語活動が妨げられますので，ストレスマネジメントを用いて素早く平静な状態に戻す必要があります。方法は，①刺激の排除，②身体の緊張をほぐす，③気分転換をする，の3種類があります（図1-1，1-2）。

図1-1　刺激の排除（本田，2020）

最初に刺激の排除を行うのは，目の前に刺激があると興奮が収まらないためです。目をつむる，タイムアウトを取るなどして，刺激がいったん減少したら，身体の緊張をほぐします。急激な生理的反

図1-2　身体の緊張をほぐす（本田，2020）

応によって，筋肉が緊張すると循環機能が低下します。特に目の周りが緊張すると表情が強張り相手に気持ちが伝わりにくくなりますし，肩や首が緊張していると脳への循環が鈍り，判断力にも影響しがちです。深呼吸や肩の上げ下げなどを行って緊張をほぐしてください。

生理的な反応への応急手当ができたら，ストレスの元に対応する前に，少しだけ気分転換をしてみましょう。ストレスの元に対応していくためには，気持ちにゆとりが必要だからです。散歩に行く，好きな絵や写真を見る，落ち着く音楽を聴く等です。アンガーマネジメントでは「刺激」となる出来事や相手は変わらないことが前提です。相手を自分が思うようにコントロールしようとすると，余計に興奮させたり抵抗されたりするためです。まず自分

の気持ちを安定させてこれまでとは異なる気持ちの表現方法を学ぶことで，自分にとっても相手にとっても納得のいく解決策を探していきます。

状況の客観的な捉え方を学ぶ

　自分の欲求が叶わないときには，視野が狭くなったり，主観的な捉え方になるため「キレやすい考え方」が生じやすくなります。例えば，「白黒思考になる」…敵か味方か，勝つか負けるか／「〜べき」…生徒は教師に従うべきだ／「〜ねばならない」…自分は〜あらねばならない／「完璧主義」…理想通りにならないなら，すべて壊す，やらない／「過度な一般化」…みんなが悪口をいう，次もだめなんだ／「過大評価」…えらいことをしてしまった，取り返しがつかない／「過少評価」…この位は大したことない／「他罰的になる」…こうなったのはあの人のせいだ／「被害的に捉える」…自分ばっかりがこんな目に合う／「ひねくれ」…わざとこんなことをさせるんだ／「トンネル思考」…出口がない，ずっとこれが続くんだ，等がキレやすい考え方です。そこで自分の欲求と周囲の状況に折り合いをつけ，適切な解決方法を見つけるために，視野を広げる，視点を変える等を学習していきます。その方法として「セルフトーク」や「なっとくのりくつ」を学びます（図2-1，2-2）。これらには，気持ちにかける言葉や，冷静な考えを促す言葉，適切な解決策を導く言葉等があります。

セルフトーク
とりあえず **しんぱい** **心配するのをやめよう** ⑲

図2-1　セルフトークカード
（本田，2014）

〜は，なくならないよ
・一輪車にずっと一人で乗っていたいのに，いっぱい並んでいる。 ・冷水器ではやく水を飲みたいのに，みんなが並んでいる。

図2-2　なっとくのりくつカード
（本田，2016）

適切な感情や欲求の表現方法（ソーシャルスキル）を学ぶ

　気持ちが落ち着き，状況が客観的に見直せるようになると，相手の言い分に耳を傾けやすくなります。そこで活用するのが自分の気持ちや意見を相手が怒らないように伝える「私メッセージ」や，相手が落ち着いて話ができる聴き方の「受動的な聴き方」，そして自分にとっても相手にとってもよい解決策を探すための「話し合い」を行い，「対立解消」することです。これらのソーシャルスキルは，児童生徒や教員自身の特性に合わせて学んでいくことが大切です。また，練習をしないと新しいスキルは定着しないので，ロールプレイや宿題を通じて練習することが大切です（図３）。ソーシャルスキルには，言語表現が多いため，言語力が弱い場合は，文字以外の方法を用いて自己理解や自己表現が行えるようにします。例えば，箱庭や描画等の非言語の活動や，話し言葉は苦手だけれど文字なら表現しやすい場合は，付箋に文字で書いたりチャット機能を使うなど本人ができる表現方法を一緒に探して練習していきます。

　発達に偏りがあったり，不登校等で集団活動が苦手な児童生徒に対しては，まず，社会で生活するための基礎的なスキルから確認していきます。集団生活のルールの存在，それをなぜ守る必要があるのか，指導者の指示を受け入れる力や，周囲の人と同じ作業をするためのスキルなどです。

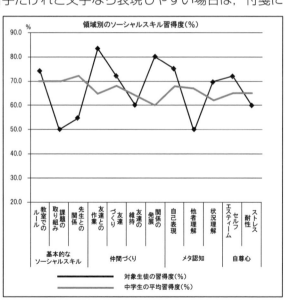

図３　ソーシャルスキル尺度（本田，2016）

（本田　恵子）

3 アンガーマネジメントプログラム

アンガーマネジメントプログラムの種類

　第1節の歴史部分で紹介したように，アンガーマネジメントプログラムには，アメリカやカナダなど矯正教育の分野で暴力防止のために開発されたものと，上司が部下に対してハラスメントを行わないようにするものがありました。矯正教育分野のものは，1回の時間が長く，プログラムの回数も15回から30回と多いため学校や相談機関等で活用するのは難しいうえに「怒りのログ」といって，自分が衝動的になるときの状態を言葉にして記録し，考え方を変えることが中心でした。また，自分の考えや行動パターンを変えることが中心になっており，その行動を選んでいる自分の特性を受容することが少なかったため，こういう考え方や行動がダメだということは「頭ではわかっていても」「気持ちが追いつかない」という状態が起こりやすくなっていました。そのため，日本に導入するに際して著者は，受講者の特性に合わせて複数のプログラムを開発することを目指しました。特に「自分の特性を受容する」課程を加えて「自分らしい感情の表現方法」や「トラブル場面での解決方法」のレパートリーが増やせるように工夫していきました。教材は，自分の課題に向き合うことに抵抗のある受講者が興味をもちやすく，言葉での理解や表現が苦手な人も主体的に取り組みやすいように，絵や図での解説を増やしました。アンガーマネジメントは衝動的な場面で使えることが大切なので，使える言葉やスキルが思い出しやすいような名刺大のカードを作成し，自分に必要なスキルは携帯しやすいようにしました。ロールプレイの場面は，それぞれのプログラム対象者によくある場面をアンケート調査からカテゴリー分けして作成してあります。

著者が開発したアンガーマネジメントプログラムは，対象別に４種類あり，その内２つは予防教育として６回を学級で行うものと，繰り返し暴力や非行，引きこもり等が続いている場合に個別やグループで10回実施するものに分けました（表１）。日本に初めてアンガーマネジメントが導入されたのが矯正教育分野であったため，最初につくられたＢプログラムは，少年院や刑務所など矯正施設内で実施する目的で作成され，少年院では全13回，刑務所では全18回になっています。次に，学校や教育相談室で，暴力，いじめ，不登校など思春期の課題に対するアンガーマネジメントが必要になりましたが，矯正施設のように多くの回数を行うことができないため，90分を８回実施としました。個別や小グループで実施を重ねるうちに，クラスでの予防教育として授業時間に組み込めるものがほしいという意見が集まりました。そこで，体験学習として効果が認められている70分の枠組みと心理教育として先行研究でも効果が認められている最低回数の６回でできるＣプログラムを作成，続いて発達障害のある児童生徒に対するアンガーマネジメントの要請が高まりＤプログラムが制作されました。Ｃ，Ｄプログラムには予防用とフルプログラムがあります。Ｄプログラムの実施方法は，第４章を参照してください。

　どのプログラムも，受講する人に「自分には感情のコントロールをする必要がある」という動機づけが必要です。そのため，予防教育として学級で実施する場合には，事前に学級の状況をアセスメントした上で，類似した課題をもっている人同士を小グループにしてロールプレイや話し合い活動をすることを薦めます。また，生徒指導や発達障害など個別に継続的にプログラムを実施する必要がある場合は，トラブルが起こりやすい時間帯や掃除の時間帯などを活用して，一週間に２～３回，15分程度ずつ実施していくと効果的です。

表1　アンガーマネジメントプログラム一覧

プログラム名	対象	形態と回数
D　予防用 プログラム	小学校４年生〜６年生	学級・小グループ　6回
D　フル プログラム	特別な配慮を要する児童生徒 （小学校〜高校）	個別・小グループ　10回
C　予防用	中学〜高校生	学級・小グループ　6回
C　フル プログラム	不登校・引きこもり傾向， 暴力・暴言・いじめ	個別・小グループ　10回
B プログラム	非行傾向が進んだ児童生徒 矯正教育の対象者少年〜成人	個別・小グループ　15回
P　基本 プログラム	保護者対象：基本編	個別・小グループ　5回
P　フル プログラム	子育てに課題を抱えている保護者 基本編5回＋SST5回	個別・小グループ　10回

構造化された5課程のプログラム

　アンガーマネジメントプログラムは，生理的反応，オートマチック思考，衝動行動を一つずつ調節できるようにしていくために5課程で構造化したプログラムです（表2）。

　段階を追って，1課程ずつ進める必要があるのは，自らが自分の気持ち，考え方，行動の「マネジメント」を行えるようになるためです。そのため，第1課程の「行動パターンの気づき」と第2課程の「行動を決めている考え方」や行動から得ている「メリット」を理解するために時間をかけます。自分の行動を自分が選んでいるメカニズムに気づき，背景を理解できたら，第3課程で「自分が本当に欲しいものは何か」「わかってもらいたい気持ちは何か」に向き合います。第4，第5課程で，自分の欲求を自分の特性に合わせて適切に表現できる方法を学び，練習していきます。

表2　アンガーマネジメントの5課程

課　程	テーマ	内　容
第1課程	気づき	自分の行動パターンに気づき，キレそうなときの応急対応「ストレスマネジメント」を学ぶ
第2課程	知的理解	自分の欲求と周囲の欲求の折り合いをつけるために「向社会的判断力」を学ぶ
第3課程	自己理解	自分の感じ方，考え方，行動の特徴など，個性を理解し，自分らしさに自信をもつ
第4課程	新しい行動の学習	自分の個性に合った，適切な気持ちや欲求の表現方法「ソーシャルスキル」を学ぶ
第5課程	新しい行動の練習	日常の生活場面で，適切に気持ちや欲求を表現する練習をする

①第1課程：出来事を一連の流れで整理する

　第1課程では，自分がキレてしまった場面を振り返ります。衝動的になった場面を「刺激」と「行動」に分けて目に見える形で整理し，自分の行動パターンに気づいたり，なぜそういう行動をしてしまったのか，そのときの気持ちやオートマチック思考などを理解していきます。このとき「出来事を一連の流れで整理する」シート（図4）を活用します。一番左が刺激となる出来事で，2番目が自分の行動です。

　まず，一連の出来事を刺激と反応に分けて書きだします。次に，それぞれの行動に対して3番目の「気持ちと欲求」を考えます。落ち着いて振り返ることによって，本当は何がしたかったのかがわかるようになったら，自分の気持ちや欲求を適切に表現するにはどうしたらよかったかを4番目の欄に書いて行き，次はどこで止めればよいかを一緒に考えます。一番右は，この面接をしていく支援者が生徒の気持ちや欲求を明確にするための声かけの仕方を考える欄です。面接をする前に，支援者が児童生徒とのやりとりを予測しておくために使います。

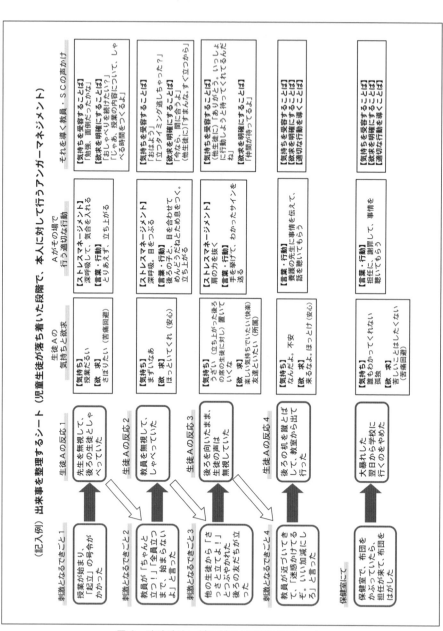

図4　出来事を一連の流れで整理するシート

②第2課程

　第2課程は，自分の行動を決めている考え方を理解した上で，状況をプラスに捉え直すために「向社会的判断ができる力」を学びます。これは，状況を否定的にとらえやすい考え方に働きかけて，視野を広げたり見通しを立てたりするためのもので認知行動療法の中心になるので，じっくり時間をかけます。B，C，Pプログラムでは，「セルフトーク」（図2-1）を使い「気持ち」「考え方」「行動」を自分で変えるきっかけをつくりますが，発達障害のある児童生徒は，ストレス場面に向き合うこと自体が苦手です。行動を覚えていなかったり，振り返る場面で言葉が出にくかったり，考え方や行動を変える場面で，自分のやり方にこだわりがあったりするため「出来事」を振り返っているのに「人格」を批判されているように感じてしまいがちだからです。この場合は，「なっとくのりくつ」（図2-2）を伝えて，「世の中はこういうことになっているのです」とさらっと伝えます。こだわりは，その場を自分がコントロールできると思っているときに生じやすいので，自分のコントロールが効かない場面なのだと「なっとくする」ための「りくつ」を与えると，「じゃあ，しかたないね」と折り合いをつけやすくなります。「なっとくのりくつ」は，発達障害のある児童生徒の対応で困っている場面を先生方にアンケート調査し，育てたい力を以下の7つのカテゴリーに分けて作成したものです。

⑴　行動を止めるための言葉

⑵　社会のルールを知り，従う態度を育てる言葉

⑶　自分の責任を知り，なぜその行動をする必要があるのかを理解する言葉

⑷　相手の権利を知り，尊重する態度を育てる言葉

⑸　自分の権利を知り，自分の意見をもつことを学ぶ言葉

⑹　相手の権利と責任を知り，同意することを学ぶ言葉

⑺　自分の権利と責任，相手の権利と責任を調整し，合意することを学ぶ言葉

カードのタイトルは，発達障害のある児童生徒がわかりやすいように，「タイムアップ」「ここは，学校」「自分がやったことだから」など，短く語りかける言葉になっています。第2課程で学び，日常生活で支援者や保護者が声かけを続けることで自分でも使えるようにしていきます。第4課程では，場面別の絵カードを用いて，トラブルになった場面でどの「なっとくのりくつ」を使うかを児童生徒に選んでもらうようになっています。

③第3課程

　第3課程では，自分の特性を受け入れるために内面，行動の特性など「ありのままの自分」と向き合います。B，C，Pプログラムでは，自分が大切にしている価値観や人間関係などの内面を中心に自己理解を進めますが（図5），発達障害のある児童生徒は，自分の身体の部分ごとにどんな行動ができるかの特徴を理解した上で，やりすぎるとどうなるか，やらないとどうなるかを見える形にして理解していきます（図6）。どのプログラムでも共通して行うのが「カチッとファイブ」（図7）です。これは，場面や相手を決めて「～をするときに大切にしていること」を思いつく順に書いてもらうものです。トラブルになるときは，自分が大切にしていることが相手に伝わらない場合が多いためです。

　第3課程では，自分らしさをワークシートに書きこんで目に見える形にした上で，参加者同士が「受動的に聴く」練習をします。例えば「わたしは，こういうことが大事なんだ」「こういうときにこんな風に考えるんだ。だから，これを否定されると悲しくなるんだよね」など，ゆっくり話して受け止めてもらう体験を通して「伝え合う」「わかり合う」ことで気持ちがほっとすることに気づいてもらいます。また，他の人が大切にしていることを理解することで，第4課程以降で「自分にとっても，相手にとってもよい結果」になる方法を探す準備をしていきます。

手の中にあるものは？

1 手の絵のそれぞれの指のところに、次のことを書いてください。
☆ 「大切にしていること」とは、その人があなたによく言うことばや行動で、
　あなたの行動に 影響を与えていると思うことです。

「親指」　親が大切にしていること、よく言うことばや行動
「人差し指」　友だちが大切にしていること、よく言うことばや行動
「自分」　自分自身が大切にしていること、ゆずれないと思っていること
　　　　　（好きなこと、好きなことば）
「薬指」　先生やコーチなど指導者が大切にしていること、よく言うことばや行動
「小指」　「ロールモデル」にしている人やキャラクター＜映画、アニメなど＞が
　　　　　大切にしていること、よく言うことばや行動

2 手の平（根本部分）には、次のことを書いてください。
　　上の部分　今年中に、できるようになっていたいこと（行動）
　　下の部分　10年後（24～25歳）には、こうなっていたい（夢やイメージでOK）

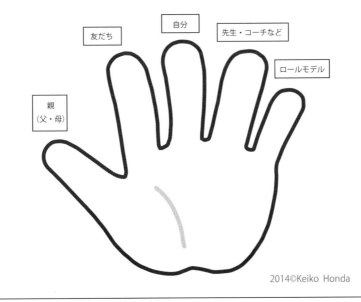

図5　「手の中にあるものは」

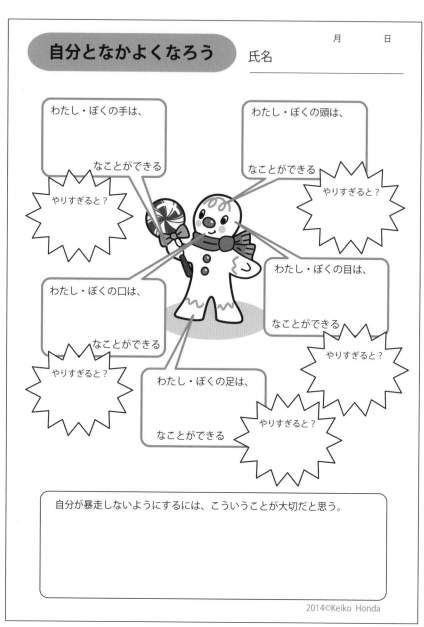

図6 「自分となかよくなろう」

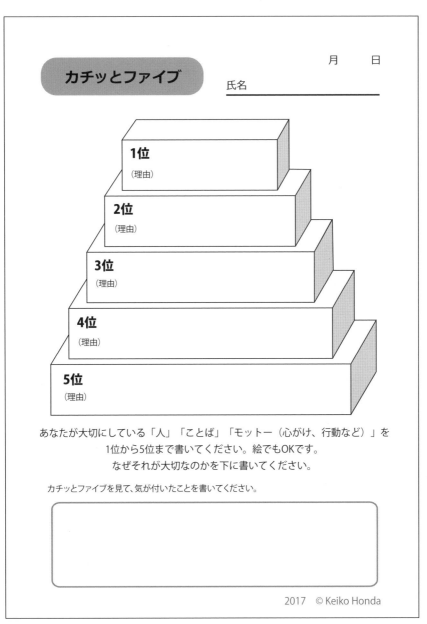

あなたが大切にしている「人」「ことば」「モットー（心がけ、行動など）」を
1位から5位まで書いてください。絵でもOKです。
なぜそれが大切なのかを下に書いてください。

カチッとファイブを見て、気が付いたことを書いてください。

2017 © Keiko Honda

図7 「カチッとファイブ」

④第４・第５課程

　第４課程で，トラブル場面への対応方法を学び，第５課程では日常的に練習して行動を定着させていきます。第１課程で学んだ「ストレスマネジメント」は毎回活用します。その上で，

- ・「基本的なソーシャルスキル」（社会のルールに従う）
- ・「仲間づくりのスキル」（仲間入り，仲間の維持，関係性の発展）
- ・「メタ認知力」（他者理解，状況理解）
- ・「自尊心」（セルフエスティーム，自己表現力）

に関するスキルの中から本人に必要なスキルを組み合わせて学んで行きます。ロールプレイの場面は，学校，家庭，友達関係に分かれており，絵場面を見せながら，裏面の目的（この場面では，「責められると思って，言い訳をし続けている相手に対して自分の気持ちを伝える」）を伝え，自分（この場面では一番左の人）がどのような行動をしたら自分にとっても相手にとってもよい結果になるかを一緒に考えます。

図８　「アンガーマネジメントＣプログラム絵カード」（本田，2014）

　２枚目の絵には，望ましい結果が描かれています（この場面では，①気持ちを伝える，②同じことをしないでほしいと伝える，③捨て台詞を言われてもやりすごす）。また，その行動ができるために行うストレスマネジメントや，セルフトークも紹介し，同様の場面でも活用できるようにレパートリー

を増やしておきます。

　図9は生徒が使うワークシートです。具体的な場面を設定して，「自分は
どうなりたいか」「相手にはどうなってほしいか」の目標を決めた上で，そ
うなるために必要なストレスマネジメント，セルフトーク，ソーシャルスキ
ルをロールプレイを用いながら練習していきます。基本の課題解決方法がで
きるようになったら，望ましい結果は自分で作成していきます。

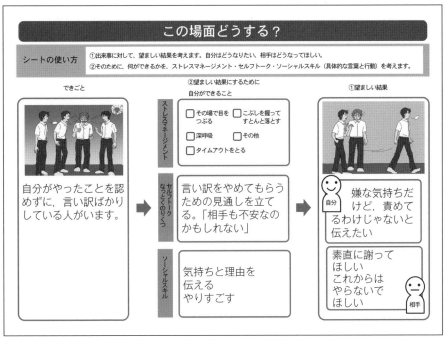

図9　アンガーマネジメントＣプログラムの第4課程の絵カード（本田，2014）

（本田　恵子）

CHAPTER 2

発達障害のある
子どもの衝動性を
理解する

1 アンガーと不適応行動の関係

アンガー状態とは

　アンガーは，単なる怒りではなくさまざまな感情が入り乱れて混沌とした状態です。アンガー状態になると感情の自然な流れが切れてしまうのみならず，人間関係も断ち切りがちです。暴力，パワーハラスメントなどの反社会的行動のみならず，不登校，引きこもりなどの非社会的行動の基にもアンガー状態があります。特に発達障害のある子どもの場合は，感情，考え方，行動などの発達に偏りがある上に出し方の調整をする制御機能に障害があることも多いため二次障害としてさまざまな不適応行動が生じがちです。そのため，本章では，アンガー状態になるメカニズムを脳の機能から理解し，発達障害のある子どもたちの特性別に対応方法を紹介していきます。

　図1は，アンガー状態が生じるメカニズムを「欲求」「一次感情」「二次感情（アンガー）」に分けて説明したものです。「～がしたい」という欲求がかなっているときはうれしい，楽しいなどプラスの一次感情が得られますが，かなわないときに不安，悲しい，くやしいなどの感情が生じます。一次感情の段階で対応できれば，その気持ちを引き起こした刺激がわかりやすいのですが，ため込んでしまうとアンガー状態になります。

　アンガー状態になると，誰に対して（方向），どんな気持ちが（質），どのくらい（量）あるのかわからなくなります。また，

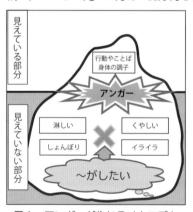

図1　アンガーが生じるメカニズム

興奮したり気持ちが固まってしまったりするので「言葉」が出にくくなり「適切な指令を出す」ことや「適切な判断」をするために考えることができなくなっていきます。その結果，衝動的な言動が生じ，自分にとっても相手にとっても望ましくない結果をもたらしてしまいます。発達障害のある子どもの場合，感情，考え方，行動の発達それぞれに偏りがあります。また，それらを調節する制御機能や遂行機能も上手く調節できないことが多いので，発散しすぎたり，ため込みすぎたり，伝える相手や方法を間違えたり等，マイナスのループが生じやすいのでアンガー状態になりやすいのです。

アンガーの表出タイプの理解

アンガー状態の現れ方は，大きく分けて３タイプになります（図２）。

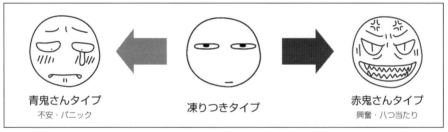

青鬼さんタイプ	凍りつきタイプ	赤鬼さんタイプ
不安・パニック		興奮・八つ当たり

図２　アンガーの表出タイプ

「**赤鬼さんタイプ**」は，さまざまな刺激にすぐ興奮してカッとなりやすく，体温があがる，呼吸が荒くなるタイプです。一度興奮し始めるとすべて爆発させて放出しないと収まりません。止めようと声をかけたり，身体に触られたりすると余計に興奮するので周囲が巻き込まれやすくなります。いったん爆発するとスッキリし，普段は元気がよく発想力もあるので，興奮しても周囲ががまんしたり後始末をしがちなので本人に反省を促すのが困難です。

ADHD（注意欠如・多動症）がある子どもの場合は，赤鬼さんタイプが多いようです。いろいろなものに興味関心があり思いついたことをすぐ言葉にしたり行動化したりします。頭の回転も速いのですが，ランダム思考なの

で話がどこにつながっていくのか予測がつきません。忘れ物が多い，話し合いが違う方向に進んでしまうなど「エンジンがかかったまま止まらない」状態が続くので脳は覚醒したままです。バランスがとれているときは体調も精神状況も明るく活発で問題ないのですが，身体が成長する時期にはバランスを崩しやすくなります。過覚醒状況が続くと自律神経に負荷がかかりすぎて朝起きられない，身体の内部や外的刺激から訳のわからないイライラが襲ってきて落ち着かない，授業内容の聞き間違え，テストの回答方法の勘違い等が生じやすくなり，学業不振が生じてきます。また，周囲も次第に合わせるのに疲れるので表面上の付き合いはあっても，継続した友達関係が築きにくくなっていきます。保護者は，「やればできるはずだ」と期待するし，知能検査をとっても標準以上の能力を示すことも少なくありません。本人も「なんとなくできる」感覚はあるのですが，知識が定着しない状態が続きます。運動や学習など活動しているのに達成感がない，何か抜け落ちてしまっていつも焦燥感を感じる，衝動的にならないように気持ちを抑え込んでうつ的な状態になる子どももありますが，周囲には「さぼり」「なまけ」ととられてしまうこともあり，居場所を求めて非行グループに入る子どももあります。

「青鬼さんタイプ」は，「不安」がアンガーの中核にあるため，自分が安心できる場所や活動をしているときは穏やかなのですが，自分がやろうとしていることや，やっていることを止められたり，否定されたりなど自分のテリトリーが侵害されたと感じると攻撃が始まります。ASD（自閉スペクトラム症）やLD（学習障害）等，状況に応じて臨機応変に対応するのが苦手な子どもには，このタイプが多いようです。自分の興味関心があることについては，いろいろ調べて知識を蓄え，話したり見せたりしてくれます。パターン行動が安心するので「こだわり」もありますが，「見通し」を伝えたり「なっとく」がいけば新しい行動を取り入れることも，行動を切り替えることもできます。一方，突然異なるやり方や行動をするように指示されたり，集中して取り組んでいるものを取り上げられたりすると「切り替え」ができません。また，ほどほどの感覚が未発達なので自分の「完成像」にぴったり

合わないと落ち着かないようです。このタイプがアンガー状態のときは，不安が恐怖に高まりパニックに近い行動を起こすので，本人も周囲も怪我をしやすく危険です。また，フラッシュバックを起こしやすいので一つのことを解決しても類似したトラブルに出会うと以前の経験を思い出してしまい，収まるまでに時間がかかります。そのため集団活動が増えてくるとトラブルが起こりやすくなります。学習や活動はしたいのですが，「自分のやり方」を無理やりに変えさせられそうになるとパニックになって暴れたり固まったりしてしまうので，周囲は本人の好きなようにしておくようになります。トラブルは減りますが，本人はそれで納得しているわけでもなく，淋しいし悔しいのですが，そういう微妙な感情を感じ取ったり表現したりも苦手です。うまくできない自分を責めたりわかってくれない周囲に憤りを感じたりします。アンガーをどうにかしたいと思っても「甘える」「頼る」という人との関係性が育っていません。「快感情」を求めて，没頭できるゲームや気に入ったストーリーのアニメや動画などに依存してしまうこともあるようで，それを「ひきこもり」「依存」と責められて苦しい思いをする場合もあるのです。

　「凍りつきタイプ」は，感情が凍って動かない状態になっています。一般的には，いじめや虐待の被害者に多くみられます。元々は感情が動いていたのですが日々の生活があまりにも辛いために，見ていても認知しないことで自分を防衛するようになっているからです。状況が変わることへの「あきらめ」や「無力感」が強くあるので自分のことなのに実感がわきません。発達障害のある子どもの場合は，ADD（衝動性や多動性がない注意欠如症）や，遂行機能に課題がある子どもに見られることがあります。幼少期はいろいろなことに興味関心をもって試し，優れた成果も出せるのですが，小学校の高学年ころから課題が複雑になっていくと，頭の中が上手く整理できず考えを言葉にしたり形にできないことが増えていきます。ひらめきやイメージを言葉にしたり，文字や文をつなげて正確に理解していくことが苦手なので，ゴールは見えているのに課題解決ができません。「わかっている」「できそう」なのに取り組むのはおっくうだし，途中で混乱してしまうので，劣等感や焦

燥感にさいなまれるようになりがちです。「うつ」的な症状を呈して，気持ちや欲求を聞いても「別に」「なんでもいい」等と投げやりに応えるようになっていきます。身体は動いていなくても脳は過覚醒状態であることもあり，睡眠障害や自律神経系の調節不全を併発することもあるようです。

脳のメカニズムの理解

　アンガー状態への対応をするには脳のメカニズムの理解が大切です。脳は，大きく分けると生命維持に関係する低次の脳機能と，言語や記憶，思考などに関係する高次の脳機能に分かれます。それぞれの機能の働きは，図3に記述しています。衝動的な行動を繰り返す子どもの場合，図の視床下部における感情の働き，脳幹・脊髄における自律神経の働き，及び大脳辺縁系における運動や行動の機能で衝動行動のループができあがっています。そのため，快・不快どちらの刺激に対してもパターン化された行動をとりがちです。高次の脳機能である後頭葉（視覚機能），側頭葉（言語機能），前頭葉（制御・遂行機能），頭頂葉（空間認知・統合機能）等，を使った目的や計画のある行動が形成されていないため「なぜそういう行動をしたのか」を問うても「わからない」「覚えていない」「あたまが真っ白だった」と答えます。また，衝動行動をしている子どもに対応する側が巻き込まれてしまうこともあります。例えば，逃げる，大声を出す，暴力をふるう等を繰り返す子

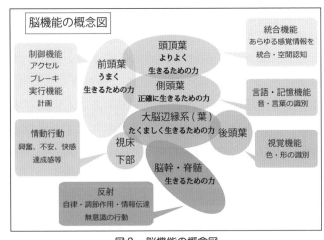

図3　脳機能の概念図

もを落ち着かせようとして手や体をつかんだり，「ダメだよ」と伝えようとして怖い顔や大きな声を出したりすると余計に子どもの行動が激化することがあります。これは，言語や思考などをつかさどる高次の脳機能が働いていないためです。相手の声かけの意味がわからず，抑えられた腕の痛みや相手の表情，声の大きさから恐怖心が強くなるため，自律神経が興奮して心拍数や呼吸は荒くなります。苦痛から逃れようとしても，思考は働いていないので，過去にその刺激から逃れることに成功した方略を自動的に使います。

　したがって，言語や思考などの機能を活性化させるためには，感情を素早く落ち着かせる必要があります。この機能が前頭葉の制御機能です。制御機能は，感情，言語，思考，運動などを調整してうまく生きる働きをします。感情の興奮が落ち着いたら，側頭葉の言語や公式を活用する機能が働きやすくなるため，周囲からの声かけが受け入れやすくなったり自分の気持ちや行動を説明したりできるようになります。しかし，学習環境が悪かった子どもの場合は，側頭葉の言語や公式を活用する機能が未発達なので言葉による行動調整がしにくくなります。さらに，前頭葉においてさまざまな力の調節をする制御機能や，課題を解決するための計画を立てて実行に移すための遂行機能も，学習環境が安定していないと未発達のままです。その結果，自分の感情の量を調節したり，どんな感情なのか名前を付けたり，その感情を伝えたい相手にわかりやすく伝えるために言葉や行動を考えたり，「これをやったらどうなるか」と予測したり「これ以外の方法はないか」等，行動を組み立てたりすることが苦手です。さらに，頭頂葉の見通しを立てたり視野を広くしたりする力も未発達のままなので「その場がよければいい」という判断をしがちになります。そのため，発達障害のある子どもに対するアンガーマネジメントを行う場合は，まず支援者が興奮している子どもの制御機能を活性化して，子どもが自分で落ち着きやすくなる声かけや対応方法を学んでおく必要があります。声かけの仕方は後述します。

（本田　恵子）

2 制御機能を活性化させる

　制御機能とは，感情，考え，行動などにブレーキやアクセルを適切に働かせる機能のことです。例えば「休み時間は終わりました」と言われたときに自分が読んでいる動作を中断し，次の行動に移るためには，まず「読みたい」という欲求にブレーキをかけてから「机の上にある本を閉じる」「机の中にしまう」という動作を起こすアクセルをかける必要があります。そのためには，本を読んでいたいという欲求の先延ばしを行う制御機能が必要になります。制御機能が弱い場合は本を読み続けますが，制御機能が強すぎると他の動作も止まってしまうので，その場でじっと固まってしまうこともあります。また「好きなことを続ける」快感と「怒られる」不安の回避を同時にかなえさせようとして本を読み続けながら教科書を机の上に広げる子どももあります。このようにどの欲求や行動を優先させるかを決めたり，より適切な行動に組み立てたりするためには，さまざまな制御機能が活性化している必要があります。

　制御には，脊髄による反射の制御機能と脳によるさまざまな機能の制御機能がありますが，ここでは，衝動行動に対応するために脳の制御機能として以下7つを解説します。

⑴**知覚と運動機能の制御**：見たり聞いたり触ったりなど知覚したものを，適切な運動や作業につなげる

⑵**注意機能の制御**：一つを見る（選択性注意），ずっと見る（持続性注意），いろいろなものを見る（注意の配分）等

⑶**言語機能の制御**：量を調節する（聞きすぎ，話しすぎ），言葉を組み立てる，音を文字にする等

⑷記憶機能の制御：耳から，目から，体験からなどの情報をどのくらい覚える
　　か，どのように記憶しておくか，記憶からどのように検索して使うか等
⑸高次認知機能の制御：公式や抽象概念の理解，教科学習や社会のルール，目
　　に見えない心情や概念，比喩等
⑹意欲と感情の制御：動機付けやがんばり，気持ちの質や量の調整等
⑺遂行機能の制御：さまざまな機能の手順を決めたり組み立てること

　衝動性のコントロールには制御機能が活性化していることが必須です。した
がって，自分自身での制御（内的制御）が困難な子どもの場合は，環境調整
や規則など外的な制御機能を活用して社会生活での行動調整を行います。矯
正施設の中で衝動性がコントロールしやすいのは，規則や環境といった外的
な制御が働いているからです。制御機能が上手く働かない場合にどのような
ことが生じるか及びその対応を解説します。

知覚と運動機能の制御

　知覚や運動機能の制御は，脳のさまざまな認知機能をつなげる働きです
（図4-1）。これらがうまく働かない場合は，日常生活にさまざまな困難が
生じます。例えば気温や湿気などへの体温調節が上手くいかず体調を崩した
り，聴覚の過敏があるとたくさんの人や音がある場所に行くのは苦手です。
触覚や味覚の過敏があれば，好き嫌いが激しいので給食は苦手になります。
視覚の調節が上手くいかないと見え過ぎたり，細かいところが気になったり，
書いた文字がイメージと違うと落ち着かなくなったりします。運動機能の制
御が上手くいかないと粗大運動や微細運動への不器用さとして表れ，体育，
音楽，図工，家庭科など実技の科目は苦痛です。感覚統合は乳幼児期から発
達しますので早期に療育を開始することが大切ですが，幼児期に苦手なこと
をさせようとすると不安をあおってしまいがちです。結果として，自分が安
心できる感覚機能だけを使おうとして認知機能に偏りが出やすくなります。

療育につなげる場合は「安心」「楽しい」活動を選び，動作を分割して「できそうだ」という見通しを立てると同時に，日常生活で練習しやすいように組み立てて下さい。例えば，縄跳びが苦手な場合は，楽しくピョンピョン跳ぶ遊び，続いて手首だけをグルグルする遊び，片手で縄をピシピシと地面にぶつけながら飛び跳ねる遊び等を一連の運動を組み立てましょう（図4-2）。

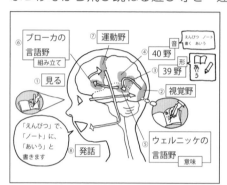

図4-1　知覚の統合の例

図4-2　感覚統合の例　運動企画

注意機能の制御

　注意機能の制御には，次の5つがあります。ADHD や ASD の子どもはこの機能の調整力が弱いために，日常生活や学習面でさまざまな困難が表れています。

①容量性注意

　一度に処理できる情報量を調整したり，入力した情報の処理の効率を調整する機能です。量が少ないと，見たことや言われたことをすぐに忘れてしまいます。黒板の文字が多いと書き写すのに時間がかかりますし，用事を頼まれて職員室に行く途中で友達にあったのでおしゃべりしたら用事を忘れてしまったとか，学校に持っていったものを持ち帰るのを忘れる等です。また，一度に処理する情報の量が多いとパニックになるので，指示が次々に来たり

授業中に沢山の資料を渡されたりすると混乱します。覚えた内容を長期記憶から検索する際も途中で何を探していたかわからなくなったり，作文にまとめようとしても書こうとしていたイメージが消えていってしまいます。

　対応は，情報の数や全体像を示すことや，量を減らすという環境調整になります。本人の能力では，ワーキングメモリーを増やすために記憶の方法を学習したり，ノートやメモをキーワードやマインドマップ，フローチャートやフィッシュボーンチャート（後述・56頁）で描ける練習等をしてください。

②選択性注意

　選択性の注意は，たくさんの情報の中から一つに注目する力です。選択性の注意の制御が難しい場合，一つの情報だけを見たり聞いたりしたいのに，他の情報も一緒に入ってきてしまいます（図4-3）。ADD（多動性がない注意欠陥障害）やADHDの子どもによく見られる状態で，一度に沢山の情報を入れたいときは役立ちますが，集中しないといけない場面では聴き落としや聴き間違えなども起こりやすくなりますし，別の人が言ったことなのに自分が見ている人が言ったように混同することもあり得ます。授業中はいろいろなことが気になって，先生の話に集中することが難しくなったり，作業が中断したりしがちです。家では，食事中にテレビがついていたら，テレビばかりみて食事が進まない。宿題をしているときに机の上に漫画やスマホがあると見てしまう。探し物をしているのに，目についた本や服など他の物が気になって触ってしまう。結果，何を探しにきたのかを忘れてしまうということ等も生じやすくなります。

　対応は，環境調整として必要な情報だけ見える，聞こえるようにすること

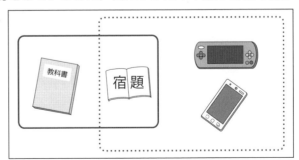

図4-3　注意機能の制御が悪く全体が漠然と見えている場合

や本人の能力育成で「何を見る・聞く」とゴールを決めて選択する練習をします。

③転換性注意

　転換性の注意は，ある情報や行動に注意を集中しているときに，別の情報に注意を切り替えることです。これが制御できないと特定の対象に注意が固着してしまいます。自閉スペクトラム症の子どもに見られるこだわり行動がこれに当たります。家で食事の時間なのに，ゲームがやめられない，作品が終わらないので図工室から出たがらない等があります。

　対応は，見通しを立てて，日程や次に何を行うかがわかるようにしておくことです。本人の能力としては，「切り替え」を練習するための制御機能のトレーニングになります。途中で止めると不快で落ち着かないので，どこまでやりたいか見通しをつけ，折り合いをつける練習が必要です（図4-4）。

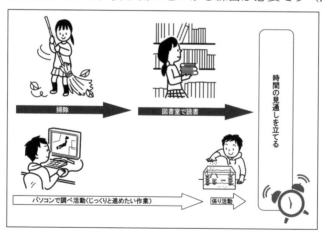

図4-4　切り替えのタイミング

　アンガーマネジメントでは，Dプログラムで以下のような4コマを使って行動の切り替え練習をします。切り替える際には，「なっとくのりくつ」（14頁）を用い，「返事をする」のソーシャルスキルを身に付けます。

3回目　低学年

場面カード

ザリガニを見たいのに給食の
時間になった。

行動を予測します
1　このまま続けていると
「Aさん，Bさんそれぞれどうな
りますか」
2　よい結果を予測します。
「Aさんはどうなったらいいですか」
「Bさんはどうなったらいいですか」

困った場面

なっとくのりくつカード
「今は，給食の時間」
「ザリガニは，なくならないよ」
「あとで，見にこよう」

立て直し

ソーシャルスキルカード
Bさん「いっしょに，食べよう」
　　仲間にさそう
Aさん「わかった」とOKマー
　　クで伝える
（応用ができる場合）
状況を説明するスキルを使う
「待たせて，ごめんね」
「ザリガニ大好きなんだ」
「時間，わすれちゃうんだ」

好ましい場面

図4-5　「この場面どうする」アンガーマネジメントDプログラム（本田，2014）

④持続性注意

　持続性注意は，一つの作業に注意を向け続けていくことです。一つの作業を続けるには，意欲やストレス耐性が関係します。これができないと作業をやり通すことができません。すぐに飽きるのでやりかけの行動が増えたり，会話の途中で何を話そうとしていたか忘れてしまうこともあります。例えば，授業中に先生の話を聴きながらノートをとっていたのですが，窓際の図鑑が気になって手に取ってノートは中断。友達に話しかけられて図鑑は開けたまま，おしゃべりを始めたところを先生に注意されて授業に戻ったとします（図4-6）。授業内容は断片的に記憶しているので「聞いたことがある」「なんとなくわかっている」ので危機感は低く家でも復習はしません。しかしノートは断片的で，テスト範囲や重要なこと等が抜けがちです。結果として，ケアレスミスが続き，認知能力は高いのに得点につながりません。進級や進学が危うくなってから教育相談に来る生徒も少なくありません。

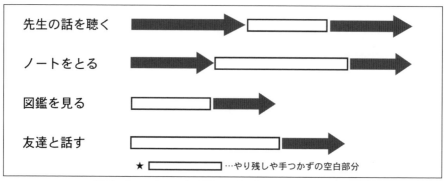

図4-6　いろいろな刺激に注意が転動してしまう様子

　対応は，作業に「興味」をもたせる工夫をすることです。「おもしろい」「やってみたい」「知りたい」という動機づけがあると同じ作業を続けていきやすくなります。また，「ゴール」を明確にして「何を」「どこまで行う」という到達度をつくっておき，抜けているところが無いかを確認するチェックシートをつくる等をしてみましょう。また，アンガーマネジメントの「なっとくのりくつ」カードを活用し「今は授業中」「先生の話を聞く時間」等注

意がそれないようにしたり，やる気が落ちてきたときは「できることをすればいいんだよ」と自分を励まして作業に戻る練習もしてみます。

⑤配分性注意

　配分性の注意は，複数の事柄に注意を向けながら同時に処理していく力です。これが苦手だと単一の課題はできるけれど，一度に複数の課題を出されると効率よくこなせなくなります。一つが終わらないと，次に取り掛かるのが不安になったり，途中で中断した場合は再開するときに最初からでないと作業や考えがつながりにくくなったりするためです。注意の配分が苦手で過集中になる場合は，午前中に注意力を使いすぎて午後までもたないということもあります。また，複数の人との会話は混乱するので，自分が一人で話してしまったり話し合いについていけなくなったりもします。最も苦しいのは，突然予定が変わることです。予定を同時に横並びにしたり，配分する量を調整する力が弱いので，「予定の時間内に終わらない！」とパニックになりがちなのです（図4-7）。

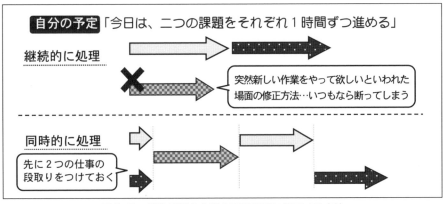

図4-7　継次処理の作業を同時処理に修正する方法

　対応は，それぞれの作業の「ゴール」を明確にすることです。「何を」「どこまで」「いつまでに」やればいいか，が目に見える形にしておくこと及び優先順位をつける練習をすることです。例えば，図の例では2つの作業を1

時間ずつやる予定だったところに，突然新しい作業をすぐにやるようにいわれると，「時間がないからできない」となります。修正するには，後から言われた作業をやる前に他の２つの作業の段取りをつけておき，「何をすればいいか」の見通しを立てておく練習が必要です。配分が苦手な人は，作業を分断することが不安なので，一つ一つの作業ゴールを明確にしておくと「未完成」ではなく「部分的な完成」として安心しやすくなります。

言語機能の制御

言語には，神経心理学的な機能として聴き取り，読み取り，音や映像を文字に変換する，発話，書字等さまざまな機能があります（図5-1）。アンガーマネジメントにおいても，感情の言語化，思考の組み立て，行動の指令を出す，課題解決のために他者と話し合うなど，重要な役割を担っています。調整された行動を計画，実行するためには言語による行動調節機能（内田，2008）が活性化されている必要があります。行動調整とは，欲求を意識化して「〜をしたい」と言葉にした上で，どのような行動を行うかをプランニングし，行動の指令を出すものです（図5-2）。そのため言葉の発達が遅れていたり自分の気持ちや考えを言葉にする力が弱いと，アンガー状態になりやすく，衝動行動が起こりやすくなるのです。また，興奮状態では相手の言葉が理解しにくくなり表情や抑揚，動作などから情報を取り入れやすくなるので，子どもがア

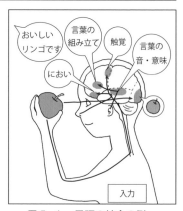

図5-1　言語の統合の例

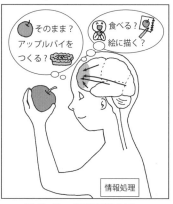

図5-2　行動調整の例

ンガー状態のときには，「これから，1分待ちます」「深呼吸をして，体温を下げましょう」「落ち着いたら，このことについて5分お話しします」等，支援者側が落ち着いて，何をしてほしいのかを肯定的・具体的に伝える声かけを行うことが大切です。

　本人の力を育てる対応としては，まず，感情の言語化において，身体の状態を「だるい」「きつい」「ボーっとしている」など言葉にすることから始め，徐々に「イライラする」「ワクワクしてきた」等のオノマトペにし，最後に「つらい」「悲しい」「悔しい」等の概念的な感情の言葉にしていきます。「気持ちのモニター」（94頁）を書いてもらうのは，そのためです。また，思考を進めるには内言が育っている必要がありますが，アンガー状態では思考が混乱しやすいため，どんな行動をするかを適切に判断するために目に見える「セルフトーク」や「なっとくのりくつ」カード（14頁参照）を使います。ソーシャルスキルを学ぶ際も，行動を分割して手順を書いたカードを使って行動の手順を練習していきます。カードは，名刺大で表がタイトルで，裏面に，その行動を具体的に進める手順が書いてあります（図6）。例えば，「わかったと伝える」では，①今，やっていることを止めます。②相手を見ます。③わかったという合図を出します。 OKサイン，うなづくといった安堵のジェスチャーや「わかりました」「今，やります」「すぐやめます」等の具体的な言葉も加えてあります。

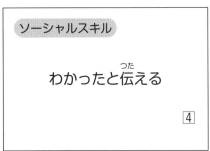
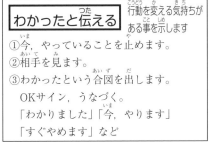

図6　ソーシャルスキルカード

記憶機能の制御

　記憶機能には，短期記憶（新しい情報を仮置きして置く），ワーキングメモリー（新しく入った情報を組み立てたり，長期記憶から検索して操作したりする），展望記憶（これからの予定を覚えておく），メタ記憶（さまざまな記憶のモニタリング），長期記憶があります（図7）。長期記憶には，陳述記憶と非陳述記憶があり，陳述記憶としてエピソード記憶（体験した映像的な記憶）と意味記憶（言語や意味・概念，公式等の知識），非陳述記憶として感覚記憶や手続き記憶（楽器の演奏や自転車の乗り方など）があります。

　記憶機能の制御が難しい場合には，新しい知識を記憶するのに時間がかかったり，記憶が時系列にならなかったり，検索が上手くできず必要な情報を思い出せなかったり，思い出したくないのにフラッシュバックに悩まされたりします。フラッシュバックや解離性の健忘などは，情動機能と記憶機能が関係していると言われており，トラウマの記憶が完全に忘れられていたり，断片的だったり，自分が安心するように塗り替えられていたりする場合もあります。また，記憶の制御は学習や感情の調整にも密接な関係があるので発達障害のある子どもたちの日々のトラブルに影響しています。

　対応として，アンガーマネジメントでは，言語機能とメタ記憶（出来事を多面的にモニターする）の活性化をしています。日々の気持ちを記録する「気持ちのモニター」や，トラブルが生じたときに客観的に振り替える「出来事を一連の流れで整理するシート」を活用して，気持ちや出来事を目に見える形で整理する支援をしています。このとき，欲求や気持ちなど見えていないけれど漠然とした感覚記憶として残っているものに「誰，何に対して」「どんな気持ちだったのか」「何が伝えたかったのか」をネーミングをしていくと「怒っていたのではなくて，悲しかったんだ」「先生をたたいてしまったのは，わかってもらいたかったからだった」と整理しやすくなります。記憶が整理できると，覚えていた方がよいことと，忘れてよいことも整理でき，次の高次認知機能である「思考力」が働きやすくなっていきます。

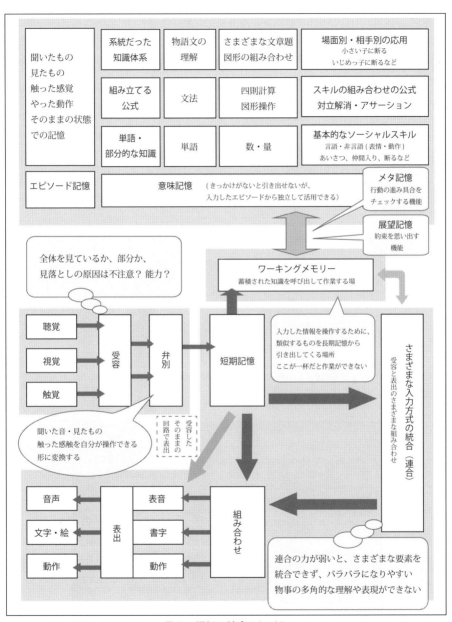

図7　認知の統合のしくみ

また，記憶したものを引き出しやすいように「ワードウオール」（図8-1，8-2）を活用してみて下さい。

図8-1　個人のワードウオールの例　接続詞

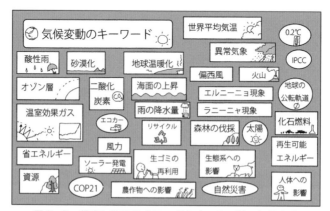

図8-2　教室に張り出すワードウオールの例　気候変動

高次認知機能の制御

認知機能は，情報を取り入れ，記憶と照合して思考を活性化させていく重要な機能です。衝動性を制御するためには，状況を客観的，多面的に捉えるメタ認知力が必要になりますが，発達障害のある子どもはこれが苦手です。表1に，認知の発達段階に基づきそれぞれの段階で生じやすい感情，行動，言語のトラブル及びその対応の例をまとめました。

表1　認知の発達段階で生じやすいトラブルと対応

認知の発達	特徴と生じやすいトラブル	対応
感覚運動期 0歳～2歳	(感情) 未分化で快か不快かの二つで判断。 　五感が発達してくる時期。 (行動) 自分の欲求（生理的と安心）のままに身の回りの様々な物に触れて，確かめる。1人での行動が多い。 (言語) 動作などの非言語やオノマトペが中心。 　1単語で抑揚を変えて伝えるようになる。 ★課題：欲求の先延ばしができないので，ほしいものが手に入るまで泣き叫んだり，暴れたりする。	(育てる) ・感情の分化を促す (支援) ・気持ちを色や絵カードで表現する支援。 ・タイムアウトの部屋を決める。 ・絵や写真で適切な方法を指示。 ・環境の構造化，やっていいこと，ダメなことを明確にわかるようにする。 ・嫌な時に，表現する方法を示す。
前操作期1 象徴的思考 2歳～3歳	(感情) 悲しい，さみしい，怒り，嫉妬などマイナスの感情はだいたい出そろう。 　・安心（途中で留まる感情）が出現。プラスの感情も育っていく。 (行動) パターン化した行動が現れる。 　・自分で欲求（生理的や安心）は制御できるようになる。 　・並行遊び，見立て遊び等を行う (言語) 二語言葉で話す，断片的な情報を羅列する。 ★課題：パターン行動でのこだわり，ルールの拒否などが生じる。	(育てる) ・写真で言葉によるコミュニケーション力を育てる。 ・表現，理解語を増やす。 (支援) ・ほめる。マイナス感情をプラスの感情に変えていく支援。 ・環境の構造化。 ・二語言葉や絵などの表現から一連の流れになるストーリーにする。
前操作期2 直感的思考 3歳～7歳	(感情) 見た目で判断，最初に感じた感情を表現する。 (行動) 思ったことを言葉す。 　・他者に対して，自分の欲求（社会的）の表現や受け入れが始まる。 　・パターン化した行動が定着する。 　・行動の背景を知りたがる（なぜそれをしないといけないのか）。 (言葉) 三語言葉以上を組み合わせる，短文で表現する。 ★課題：こだわりが強くなる。	(育てる) ・集団生活に必要な基本的なルールを守る（指示に従うなど）。 ・コミュニケーションスキルを学ぶ。 ・ロールプレイやパターン練習により自分で課題解決できる力を育てる。 ・自分で葛藤場面への「おとしどころ」がつけられるようにする。 (支援) ・コーチング，モデリング ・よい行動が出る刺激を与える。
具体的操作期 論理的思考 7歳～11歳 正方向 逆方向	(感情) 様々な感情の量が調節できる。 　・気分転換して気持ちの質も調節できる。 　・他者の気持ちを理解し，合わせることができる（慰める，一緒に楽しむなど） (行動) 行動を組み立てる，切りかえる，他者と一緒に行動ができる。 　・その場で指示されなくても，「やるべきこと」をおぼえておける。 　・担当する先生が代わっても，合わせることができる。 (言語) 文章を組み立てて，自分が伝えたいことを上手に伝えることができる。 ★課題：自分がやりたいように，場や他者をコントロールしようとする。 ★うそや，ごまかしなどをする場面も出る。	(育てる) ・ソーシャルスキルトレーニング ・仲間づくり，仲間の維持に必要な 　　自己主張「私メッセージ」 　　他者理解「相手の話を聴く」
形式的操作期 抽象概念 11歳～	(感情) 抽象的な気持ちや言葉の背景が理解できるようになる。 (行動) 自分と異なる意見や価値観を持つ人と行動を合わせたり，協力したりできる。	(育てる) ・相互理解「話し合う」

①言語の発達と感情・行動の発達に偏りがある場合に起こりやすいトラブル

　認知機能が活性化するためには，言語機能と他の機能のバランスが重要です。例えば言語の発達は年齢より高いのに，感情の発達が年齢より低い場合，友達とぶつかって相手が転んでしまった場面で「ごめんね」と短く言う代わりに「ここは，立ち止まるところじゃないでしょ。Aさんがこんなところにいるからぶつかるんだよ。ぼくは，あっちから来たんだから見えてなかったんだからね」等，状況を次々伝えて，言い訳しているようにとられてしまうことがあります。一方，言語発達が遅れている場合は，出来事をうまく説明することができず泣いたり，勝手に欲しいものを持っていってしまったりすることがあります。また，話し言葉の意味がわかっているのに文字につながりにくく，読字障害や書字障害になりやすい子どももあります。視覚や空間把握の能力が優れていてパズルや折り紙，工作など具体物を組み立てるのが得意なので，イメージや動作はどんどん進んでしまうけれど，言語発達が遅れていると単語の定義，公式等の基礎力をつけずに応用に進んでしまいます。解答はひらめくけれど途中式が書けない，文章で説明ができないという状況も起こります。アンガーマネジメントを必要とする子どもで学習障害を伴っている場合は，認知能力のアセスメントを丁寧に行った上で，直感思考から具体的操作に置き換える練習や認知特性に合う学習支援を行っていくことを薦めます（図9-1，9-2）。

図9-1　具体物を数に置き換えて概念化

図9-2　文章題を図に変換する

②情報の識別方法の偏りによるトラブルの現れ方

　視覚の認知機能は定型発達しているのに，見たり聞いたりしたものを識別して理解する段階で困難を示す子どもがあります。トラブルを整理していく際に客観的に出来事を理解するためには，自分の視点から離れて多面的に理解することが必要になりますが，視野が狭かったり多面的に捉えることが苦手だと，自分の視点だけで「出来事」を理解するので共通理解をしていくことが難しくなります。以下によくあるトラブルを5つ紹介します。

⑴自分が見た場面が「その子どもの事実」になっている

　選択性の注意とも関連した視覚認知のトラブルです。本来は，全体を見たり聞いたりしないと正確な情報が理解できないのに，一つだけ，または自分の視点だけで見ているので周りの人と事実が異なってしまうことがあります。例えば，図10-1で右上の2名だけ見て「Aくんが転ばせた」と言われて「うそだ」「そんなことない」となる場面や，図10-2を見て，「おじいさんが怒っている」と決めつける場面などです。視点を右に移すと若者が見えます。このとき，周りの子どもから情報を集めて本人の過ちを指摘すると「僕ばっかり悪者にされる」「誰もわかってくれない」と被害感を高めてしまうので注意してください。対応としては，まずその子の視点で出来事を理解していきます。自分の見方がわかってもらえると安心するので，そこから視野を広げて行ったり，視点を移す練習をしてみます。

図10-1　一部だけを見ている

図10-2　一方向だけ見ている

⑵エピソードを断片的にとらえ，因果関係が理解しにくい

　誰がいて，何を言った，何をした等，ある場面のことは詳細に記憶しているのに，その前後が抜けていたり他の場面と関連が付きにくい子どももあります。多動性があり記憶の制御も難しい場合は，出来事をすぐ忘れてしまうので「なぜこうなったの？」と聞いても「知らない」と答えます。「Aさんは，これが嫌だっていってたよね」「前にも同じことがあったよね」と伝えても「なんのこと？」となります。嘘をついているのでも共感性が低いわけでもなく，関連づけをすることが難しいようです。なぜそのトラブルが生じたのか因果関係が理解しにくいので，同じようなトラブルが繰り返されます。その場面では「ごめんなさい」と謝ることはできるのですが「出来事を一連の流れで整理するシート」を使ってもストーリーがつながらないので，「なぜそうなったのか」を理解するのは困難で内省が深まりません。自分が謝ったら出来事は解決したことになってしまい，相手が気持ちの整理できていなくても，悪気がなく「遊ぼう」と誘ってしまいます。一方，断片的な失敗場面の記憶をもち続けてしまい苦しい場合もあります。友達を怒らせてしまい「わかんないの？」と責められても因果関係がつながらないので，おろおろしてしまいます。同じようなことが起こるのではないか，自分が同じ失敗をしてしまうのではないかと不安になります。

　対応としては，起こりそうなトラブルの場面の絵を用いて，視野を広げていく方法があります。出来事を振り返ったり関連づけが苦手な子どもを責めるのではなく，友達とよりよい関係を築いていくために，これから起こりそうなトラブルへの対応のスキルを学んでいきます。アンガーマネジメントDプログラムには，4コマの絵場面「この場面どうする」があります（41頁の図4-5）。

⑶場面と意味，心情などの多面的な情報が統合されにくい

　相手が使った言葉の意味や心情などの多面的な情報を統合することが苦手な子どもがいます。例えば，図10-3を「こっち見て笑ってる」「ばかにされた」「あっちに行けと手で追い払われた」と捉える子どもがいたとします。

実際は，グループで話し合いをしていて，Bは，考えている。Cは，Dに手をあげて意見を言おうとしているという状況でした。このように出来事が一対一対応になりがちな場合，思春期に親密な関係を築いていくときにさまざまなトラブルが生じます。また，一度関係がダメになったら修復できないと思いこんでしまいがちなので，誘われても断りません。非行に巻き込まれてしまうこともあります。

図10-3　場面の背景が読み取りにくい

　自分の視点から離れることが難しい子どもへの対応としては，まず周囲の人が言外の意味を伝えていくことから始めて下さい。正しく理解できるようになって被害感が減ってきたら，本人から「今，何をしていますか」と状況を聞いたり「私はこういう風に捉えているけど，合っていますか」と確認する力も育てて行きます。アンガーマネジメントでは，第2課程で視野を広げる練習や，第4課程でソーシャルスキルを学ぶ練習をします。

(4)動きのあるものが覚えにくい

　発達障害がある子どもの中には，1人で一つの動作を繰り返す運動（マラソン，短距離走など）や卓球，テニスなどコートの中で相手が決まっているスポーツはできても，1人の作業でもダンスのように動きがつながっていて，動きが次々先にいってしまうような活動は苦手な子どもがいます。また，1

人でボールを蹴ったり，ゴールに入れたりするのはできるけれど，サッカー，バスケットボール，バレーボールなど集団でボールや複数の人の動きを同時に見て動かないといけないスポーツは苦手な子どもがいます。運動能力に課題があるわけではないけれど，体育の時間は参加したがらないので成績が低くなってしまいます。

　対応としては，合理的な配慮申請を行って個別で評価したり，集団の中でポジションを決めたりすると同時に，選択性の注意や配分性の注意など後述する制御機能のトレーニングをすることを薦めます。

図11-1　動きのあるスポーツが苦手

⑸微妙な文字や図の違いが認識しずらい，回転図形が理解しにくい

　視覚情報を分けたり，詳細を見分けるのが苦手な子どもがいます。読字障害や書字障害の判定はでないけれど，間，問，聞，開，など似ている漢字の識別や図形がどのように組み合わさっているかを理解するのが苦手です。対応は，文字の場合は大きくして見やすくしたり，パズルのように分けて組み合わせを意識したりする練習をしていきます。

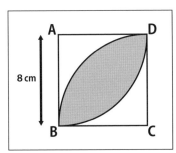 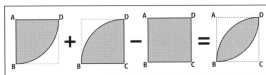

図11-2　図形を組み合わせたり，頭の中で回転させるのが苦手

意欲と感情の制御

　動機づけやがんばり，気持ちの質や量の調整等の制御をする機能です。自分の欲求を理解して適切に実現できれば感情は安定していますが，叶わないときにアンガー状態になります。欲求のままに行動していると，集団のルールに従わないといけない状況でさまざまなトラブルが生じます。例えば，興味のあることについてしゃべり続けたり，やりたくないことは無視したり，がまんしないといけないところで大笑いしたり，泣き出したら止まらなくなったり等です。アンガーマネジメントでは，自分の欲求と相手の欲求をどのくらい理解して調整できているかを0から4段階までに分けてそれぞれの段階で必要なスキルを練習します（表2）。また，衝動性を調整するためには，子どもが「困っている」自覚があり「何とかしたい」という意欲が必要ですが，発達障害のある子どもの場合，先生や保護者が困っていることが多いの

で，さまざまなトレーニングや支援を行っても効果が低いことがよくあります。プログラムを開始する前に，十分に話を聴いて本人に動機づけを行って下さい。

表2　行動形成段階による，欲求の折り合いのつけ方（本田，2014）

行動形成の段階			欲求の状態	
段階	欲求の発信者		欲求の理解度と調整力	内的欲求と外的欲求のバランス
0段階	自分の欲求のみ		生理的欲求 ランダム発信	行動パターンにルールがなく，刺激に対して反射的な行動をしている状態。
第1段階A	自分の欲求のみ		未成熟，わがまま 調整力が未発達	自分のルールのみに従うパターンができている状態。内的欲求は未発達で，「なぜやりたいのか」が不明瞭。また，道徳心も未成熟なため，欲求が叶うまで，わがままを通す。
第1段階B	相手の欲求のみ		未成熟，依存 相手の指示通りに調整	外的欲求に従う行動パターンができている状態。他者依存的なので葛藤は少ないが，やったことに対して自分で責任をとらない。
第2段階A	自分の欲求と相手の欲求の折り合いをつける	自分と調整	他者の欲求を理解中 待つ　がまんする	内的欲求はあるが，他者の欲求に視点が写せる状態。
第2段階B		自分と調整	自分の欲求を形成中 あきらめる　追従	内的欲求はあるが，抑圧している状態。
第3段階		相手と調整	形成中 妥協	内的欲求と外的欲求の量や質を調整している状態。
第4段階		相互に調整	成熟 対立解消	内的欲求も外的欲求も叶っている状態。

遂行機能の制御

①遂行機能とは？

　遂行機能は，目標・予定を達成するための方策を立て，検討し，評価して，修正する機能で，過去・現在・未来の状況を判断して調節する力のことです。

　前節の制御機能と密接に関係しており，障害が起きると目標からずれる，計画性，段取り，手際が悪いなどが生じます。遂行機能は，日常生活だけでなく学習活動でも重要です。遂行機能が上手く働いていないと，衝動性が高い子どもの場合，解答はひらめいても立式や説明ができない，文章内容の概要はわかるけれど，問題文からずれた解答を作成してしまう等が生じます。自分のやり方にこだわるため効率が悪い場合もあります。

　対応としては，フィッシュボーンチャート（図12）を作成したり，PDCAサイクル（図14）をつくって修正していく方法があります。たとえ

ば，「宿題をしよう」と目標を立てます。遂行するためには，教科書とノートを出す，範囲のメモを出す，始める時間や時間配分をモニターするために時計を出すという作業があります。ところがせっかく教科書やノートを出したのに，宿題の範囲のメモをスマホにしていた場合，スマホを触ってゲームをしたくなってしまいました。宿題にスムーズに取り組めるように行動を修正するためには，妨害刺激になるスマホやゲームは，見えないところ，触れない場所に置いておく必要がありますし，宿題範囲のメモは，スマホ以外に記録したほうがよいと自分で気づくようにします。

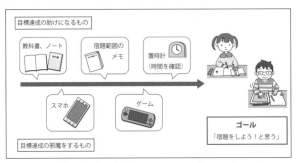

図12 宿題をするためのフィッシュボーンチャート

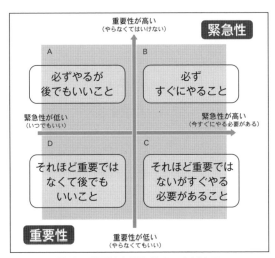

図13 重要性と緊急性のマトリクス

PDCA（Plan，Do，Check，Action）サイクルを活用する場合も，まず上手くいかなかった場面を振り返ってから修正していきます。たとえば，Aさんは「学校から帰って2時間ゲームをしてから宿題をする」とざっくりした Plan を立てました。ゲームを楽しんでから2時間後に Check していますが，「なんとかなるだろう」とゲームを続けた結果，ゲームでエネルギーを使い過ぎて疲れてしまい，宿題の量も多くて内容が難しかったので終わらなくなってしまいました。そこで，修正 PDCA では，計画段階で量や中身も確認し，自分でやることとお母さんに助けてもらうことを分けています。Do で，お母さんに宿題を見てもらう予約をし，ゲームを楽しんでから宿題に取り掛かりました。Check では，次の Action につながるように，お母さんに効率よく見てもらう問題に付箋を貼ったり，早く終わりそうなものを先に終わらせたりという修正をしています。このときAさんに必要な力は，配分性の注意力と行動を切り替える力でした。そこで，遂行機能トレーニングでは緊急性と重要性で優先順位をつける練習（図13）をしました。

（本田　恵子）

図14　PDCA サイクルの修正

3 発達障害のある子どものアンガーの特性と対応

　前節で，さまざまな制御機能に発達の偏りがある子どもがアンガー状態になりやすい背景が理解できたと思います。本節では，子どもたちにどのような力を育てるとよいかについて説明します。アンガーマネジメントの中でも感情，欲求，認知，課題解決に関係する制御のトレーニングは行いますが，平行して感覚統合や遂行機能のトレーニングを行ってみて下さい。

制御機能と遂行機能のトレーニング

　制御機能と遂行機能のトレーニングは，児童生徒の苦手な行動の練習になるため不安や不快な思いを持ちがちです。トレーニングの内容を上げておきますので，最初は，ブレインジムや脳トレのゲーム感覚でたのしく行ってください。さまざまなワークブックがありますので育てたい機能に合わせて子どもが興味をもちそうなワークを選んでください。

①行動の流暢さのトレーニング

　刺激語の後にどれだけ言葉や行動が出せるかを練習します。言葉をつなげる練習の例：「す」のうしろにつながるものを時間内（だいたい30秒程度）にできるだけたくさんつなげる。すし，すじ，すき，ストレス……等，二人で行うときは，本人が好きなテーマ（電車，車，花，お菓子，スポーツ選手など）でつなげてください。

　グループでの遊びにする場合は，「魚鳥木（ぎょちょうもく）」や「右左あなた私」などもあります。魚鳥木は円形に座り，リーダーが「魚鳥木申すか申すか」と語りかけメンバーが「申す」と言ったら，メンバーの一人の前に

立ってどれか一つを言います。「木」と答えた場合は５つ数える間にメンバーが木の名前を１つ言えたらメンバーの勝ち，言えなかったらリーダー交替となります。「右左あなた私」も同様で，まず自分の右左の人の名前を覚えます。リーダーが歩きながら誰かの前に立ちます。「右」と言われたら右の人の名前，「左」と言われたら左の人の名前，「あなた」は自分の名前，「私」はリーダーの名前を言います。

②「目標設定⇒計画⇒情報との照合⇒修正」の練習

　身近な目標を設定し，それを到達するのにどういう順番で行うのがよいか，効率や重要度，やり易さなどの優先順位を決めて計画を立てます。また，各段階でのチェック項目を決めておきます。これは，実行しながら途中で計画通りに進んでいるか情報との照合を行うためです。もし，時間や内容などが上手く進んでいない場合には，やり方や内容などの修正を行っていきます。

　それぞれの練習方法を紹介します。

⑴自発目標の設定練習

　遊び，買い物，掃除など取り組みやすい身近な目標から始めてください。例えば，ゲームなら今日はどこまで行うという目標を決めます。

⑵計画の立て方の練習

　計画を立てるには，過去に同じ行動をしたときにどのくらい時間がかかったか，どのようにしたら上手くいったかを参照します。自分が使える時間や道具などの要素も加味して計画を立てていきます。例えば，ゲームは一面クリアするのに何時間くらいかかった，何分以上やると疲れてミスが出るようになった，途中でやめにくくなるのはどういうとき，など，計画を遂行しやすい条件と同時に計画を妨げる要因も考慮に入れて計画を立てていきます。

　簡単な練習は「近道さがし」ゲームです。碁盤のマス目にゴールまで最短の行き方を探すのですが，途中に池や工事中の場所をつくっておくとそこは通れないので，別のルートを探しつつ一番短い距離を考えながら進みます。

　日常の生活では，買い物を３か所で行うのに，どういう周り方をすると効

率がよいか，重くないか等を考えて計画を立てます。夕食を6時に食べ始めたいという目標をつくり，それまでに，お米を炊く，おかずやサラダをつくるには何時から始めるとよいか，時間配分や作業手順を考えるのもトレーニングになります。学校生活では，昼休みにドッジボールをして，5時間目の音楽の移動教室に間に合うためには，道具を事前にそろえて校庭に持っていった方が速いけれど砂ぼこりがついてしまうので，ボールをしまう人と授業の道具を運ぶ人を分担して，教室に戻って友達の荷物も一緒に運ぶ方がいいのか等，いろいろなシミュレーションをしていきます。

(3)情報と行動の整合性のチェックの練習

　衝動性が高い場合，行動の途中で予定外のことをし始めたり，自分ではやれているつもりで，違う行動をしていたりすることがあります。その場合に目標に向かって行動できているかをチェックする練習を行います。例えば，買い物のレジに行く前に，メモと内容を合わせる，ゲームの途中で時計を確認する等です。

(4)修正の練習

　修正するには，修正の方法を学んでおく必要があります。初期段階では，一緒に行動し修正が必要になったときには，支援者が助言することを薦めます。一人でやっているとごまかしたくなったり，自分のやり方にこだわってどんどん目標からずれていくことがあるためです。計画段階で，うまく行かなかった場合の修正方法を考えておくことも大切です。一つ目の方法が上手くいかないときは，二つ目の方法を試すようにしておくと安心して計画が遂行できるためです。

③注意力のリハビリテーション

(1)選択性注意のトレーニング

　まず，環境や教材の提示の仕方を調節します。こだわりが強い生徒の場合は，この力は得意ですが，自分の価値基準で選ぶため，あらかじめ選択肢を2〜3出してそこから選ぶようにします。衝動性が高い生徒の場合は，ゴー

ルまでの行程表を見せてひとつずつ示して行きます。次に，複数の情報から注目してほしい要素を選ぶトレーニングをします。間違いさがし，同じ絵や記号を複数の絵から探す等のゲーム的な活動から始めて，次第に学習に関連した教材を用いて練習してください。例えば，漢字の間違いさがし，同音異義語を適切に文章に当てはめて選べるか，数学の公式選び，地理のグラフ選び等です。

⑵持続性注意のトレーニング

持続性注意のトレーニングは，一つのことを続けて行うことです。短い時間から始めて徐々に長時間同じ作業ができるようにしていきます（図15）。そのため，最初から無理せず，始めは「え？　これでいいの？」という程度から始めてください。また，同じ作業をずっと続けるのではなく，目標は同じでも（例えば漢字を覚える），読み，間違い探し，タブレットを使って指で書く，ホワイトボードに書く，漢字クイズをつくるなど短い時間で行う内容のものを組み合わせて長時間ひとつの目標に向かって作業ができるようにします。また，一つの作業は少しずつ伸ばしていき，「疲れてきたー」というときにストレスマネジメントを行って，体を少し動かしてから後1分続ける練習をします。

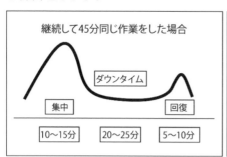
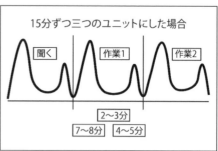

図15　学習や作業時間を，短いユニットにして集中力を持続させる方法

⑶配分性注意（同時処理）

　配分性の注意は，複数のことを同時に行うことです。衝動性が高い生徒は得意ですが，注意が散漫になりすぎるため，あらかじめやることは選んでおきます。また，こだわりが強い生徒の場合は，ひとつずつ加えていくと完成するように組み立てると継時処理を活かして複数の情報を統合しやすくなります。一方，同時処理が得意な生徒の場合は，思考が拡散しないように関連した資料を出すようにします。ネットで調べるときもリンク集はあらかじめ設定しておき，その中から選ぶようにします。トレーニングとしては，複数のことを同時に行う練習をします。例えば，短い文章を読みながら特定の文字「は」に○をつけながら内容読解をする。話を聞きながら，途中で見せたカードの絵や文字を覚えておくなどです。

⑷注意の転動

　こだわりが強い生徒は，注意は転動しにくいのですが，納得がいくまで次の行動に移らないので，「途中でやめて切り替える」練習を行います。これも，配分性注意と同様にいくつかの行動を一連の流れにして組み合わせる形をとるとストレスが少ない状態で練習できます。作業の評価ルーブリックをつくっておくと，自分が納得いくまで行うのではなく，作業評価の目的に合致していれば次の課題に進む練習をしていきます。衝動性の強い生徒は，注意が次々に転動してしまうので，逆に転動しながらも細部まで指示通りに作業ができるかをチェックしていきます。

④環境調整

　環境調整は，刺激を排除して集中しやすい環境にすること（図16-4）や，指示が目の前にある，興味関心のある教材や学習方法で行える等，持続しやすい環境にすることです（図16-2，3）。UDL（Universal　Design for Lerning）を活用してそれぞれの学び方に合わせて，PC，本，話し合いなどのスペースをつくることも有効です（図16-1）。

図16-1　教室環境を構造化する UDL の活用例

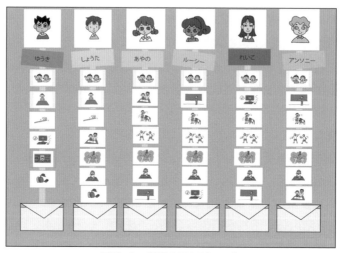

図16-2　個別のスケジュール

自分のスケジュールが図や絵で示してあり，一つ終わったら下のポケットに入れていきます。

図16-3　ワークシステム

番号の箱を取ると，何をすればよいかが書いてあ
ります。箱をもって個別の学習スペースで作業を
し，終わったら先生にチェックしてもらい，番号
の棚にもどします。

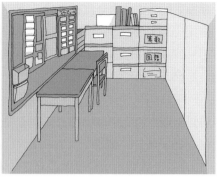

図16-4　個別の学習スペース

教室の一部に仕切りをつくり，落ち着いて学習で
きる場所をつくります。教室の生徒と同じことを
行いますが，方法やペースは，本人と相談しなが
ら決めます。

二次障害としての「そううつ」状態

　感情のコントロールが苦手な子どもは，特定の感情を使いすぎたり，制御
しすぎたりした結果，そう状態やうつ状態になることがあります。特に思春
期にはさまざまなホルモンが出現するため，衝動性を抑えるために相当なエ
ネルギーが必要になります。その結果，うつになる児童生徒があるのです。
以下のような状況が見られたら初期段階で医療や専門機関と連携して対応し
てください。

①目の前の情報が過多になることによる不安と不適応

　制御機能や遂行機能が発達していないと，年齢が上がり，行うことが増え
るにしたがって，処理できないことが増えるので，不安障害，適応障害を引
き起こしやすくなります。また「めんどう」から，「意欲減退」「うつ傾向」
に陥りやすくなります。

②衝動性を抑えようとした結果の「うつ」
　思春期の衝動性，反抗等で人を傷つけないように感情を抑圧した結果，「うつ」になることもあります。また，過覚醒状態が破たんして，エネルギー切れ状態の「うつ」になることもあります。

③記憶が整理されていないことによるフラッシュバック・現実と想像の混乱
　記憶があいまい，想像でつなげたり，別の記憶とつながったりするため「うそつき」と誤解されやすいことによる人間不信，自己嫌悪，自信の喪失なども生じます。

④内的作業モデルが形成されていないことによる愛着対象への接近・回避の混乱
　内的作業モデルは，自分が好きな物や人が何か，どこで見つかるか，どのような反応が得られそうかを考える力です。衝動性が高かったり，不安が強いと自分の感情にアクセスすること自体が不安になりますが，内的作業モデルが形成されないと，過去の記憶に適切にアクセスできないため，一度不適応を起こすと解決できないままになってしまいます。恥ずかしい思いをした教室に二度と行けなくなる。自分の感情と人の感情が分けられていないので，自分の問題を他者に刷り込んだり他者の感情を刷り込まれたりするため対人関係を避けたり，依存しすぎたりするようにもなりがちです。

⑤二次障害による学習障害・成績不振からの自信喪失
　知的には高いのに，見合った成績がとれない，ひらめくのに，伝えられない，カンニングと間違われる，思いつきで伝えてしまい，対人関係でトラブルになる等による学業不振から自信喪失になることもあります。自分の居場所がわからなくなり引きこもることもあります。

⑥こだわりが強いことによる不安と緊張

　小学校高学年になると他者の評価を気にするようになります。学業や自分の作品，行動などへの注意やアドバイスを批判されたと思って被害的になりやすかったり，失敗しないように緊張して，疲労しやすくなったりします。

　中学生になると通学時の人込み・教室移動などでも自分の思い通りにいかず，さまざまな制御を行わないといけないため緊張と疲労が増します。

　また，学習でも集団活動が増えます。話し合いでは，その場での応答をしなくてはならず，準備していない質問への解答で混乱したり，予期していない作業を振られて，段取りができず，不安からパニックになりやすくなったりします。さらに，日常のたわいのない会話についていけず，休み時間が苦痛になりがちです。

　思春期は，身体の成長も著しいため，投薬も含めて学習，社会性，体調面等包括的な支援策を立てて下さい。不適応行動を予防するためには，中学校，集団生活に向けた，社会性のトレーニング及び特性を理解し「配慮」してくれる就学先を探すことが大切です。日常生活や学習における「合理的配慮」も考慮にいれ，教科担当の教員やクラスメイトの共通理解を促すことも，予防になります。一方，「人と違う」ことをすることを拒否する子どももいますので，合理的配慮やクラスへのノーマライゼーション教育においては本人や保護者と十分に話し合いを行い，個性の理解を測ることが大切です。

（本田　恵子）

4　発達障害のある子どもに対する　支援者の対応方法

愛着の表現方法からの理解

　発達障害のある子どもが集団活動でトラブルになりがちなのは，愛着表現の方法が定型発達の子どもと異なるという要因があります。まず，安定した愛着表現について理解をし，タイプ別に「多動性のある子ども」や「こだわりの強い子ども」への対応の仕方について紹介していきます。どのタイプも段階を追って，安定した愛着関係が築けるようにしていきます。なお，本稿では，興味関心の対象も含めて愛着対象を説明しています。

①安定した愛着関係が築ける子ども

　他者と対等の関係が築けるためには自分の領域で止まり，相手が相手の役割を果たすのを待つ力が必要です。

図17-1　安定した愛着関係

┌─ 対応 ─────────────────────────
│　①気持ちは受容します。「そうなんだ」「～いう気持ちなんだね」
│　②言い分はニュートラルに（否定せずに）聞きます。
│　　「こういうことがしたいのね」

③何をしてほしいかを尋ねる。してほしくないことも聞きます。

「お母さん・お父さんには，何をしてほしいのかな？」

「自分では，どこまでできそう？」

④対応できないときは，対応できる時間を伝えておきます。

⑤気になることがあったら，聞いておきます。

⑥話し合いの場で待つことができたら，「ありがとう」

②発信が弱い子ども「依存型」

このタイプは，子どもがちょっとだけ発信をして相手を引き寄せます。言語表現が苦手な子どもによく見られます。親や支援者は，子どもの発信に気づかないか，「この子は自分の意見を言わないから」と過保護・過干渉になりがちです。

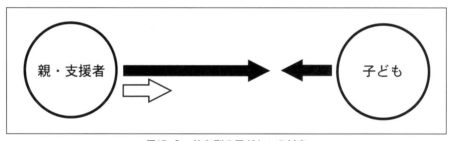

図17-2　依存型の子どもへの対応

┌─ 対応 ─────────────────────────────

①相手の行動をよく見て，子どもがしている行動や何を伝えたいかを言葉にします。「Aさんは，今，こういうことしてるね」

②能動的な聴き方をします。

「こういう気持ちかな」「こういうことがしたいのかな」

③実践する具体的なスキルを教えたり，一緒に考えます。

「それは〜してください」【肯定的な指示】

「それをしたいなら，どうしたらいいか，一緒に考えましょう」
└──────────────────────────────────

③こだわりのある子ども

パターン❶ 「閉鎖型」

　自分の好きなこと以外に興味を示さないタイプです。周囲の人が声かけしても無視をしますが，自分のテリトリーに侵入されると「攻撃」して追い出そうとします。

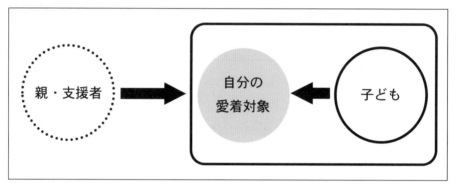

図17-3　閉鎖型の子どもへの対応

┌─ 対応 ──────────────────────────────────
　①親や支援者は，子どもにとって安全な存在であることを示します。
　　⑴目的を伝えましょう。「こういうことを，伝えたいです」
　　⑵子どもが見える場所で，並行遊び（子どもと同じ活動）をすることで，閉
　　　鎖された空間の壁を和らげます。
　②少しずつ，二人の「場」をつくることで，安全に過ごせるルールをつくって
　　いきます。
　③子どもが不安になったら戻れる「安全基地」は，保っておいてください。
└──

パターン❷ 「接近・支配型」

　このタイプは，自分が気に入ったものや人に自分から近づきます。人との距離感がつかみにくいので，顔を近づけすぎたり抱きついたり等をして相手を驚かせてしまいます。また，相手の立場に立って状況を見ることが苦手なので自分が興味のあることを一方的に話したり，相手にあげたりします。自

分の話や言うことを聞いてくれる年上の人や年下の人とは関係を築くことは
できますが，同級生からは敬遠されがちです。

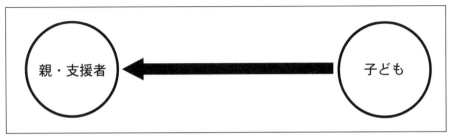

図17-4　接近・支配型の子どもへの対応

対応

①子どもが近づいたり，話し始めたら気持ちは受け止めます。

　「こういうことが言いたいのね，したいのね」

②子どもに相手の状況を認識してもらうため自分の状態を説明します。

　「私は，今こういう状態です」または，いきなり接近された場合は

　「急に抱き着いてきたので，びっくりしました」と説明します。

③子どもの欲求を適切に表現する方法を伝えます。

　「あと〇分待ってくれたら，それに答えられます」等

④相手が交渉にのってきたら，話し合いをします。

パターン❸　「独占型」

　一つのものや人に対する子どもの愛着が強くなりすぎると，自分が気に入ったものや人に近づく人たちを排除しようとして，攻撃が始まります。例えば，気に入ったAさんにBさんが遊ぼうと誘った場合，Aさんを独り占めしたい子どもは，不安を感じてBさんを排除するために攻撃をしてしまいます。

　Aさんは，友達から孤立してしまうのでBさんのところに行こうとしたり子どもから離れようとし始めます。子どもは，寂しさから不安が募り，離れようとするAさんを攻撃してしまいます。執着が激しい場合は，「自分から離れるなら存在をなくしてしまったほうがいい」と思い詰めることもあり，

大切にしていたものを壊したり，自分を傷つけたりすることもあります。

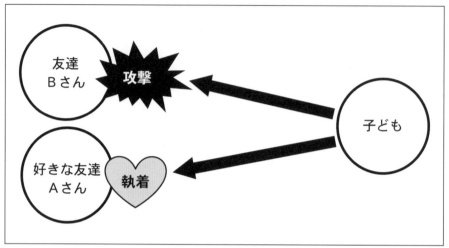

図17-5　独占型の子どもへの対応

対応

①独占型の子どもの視点に立ち，パターン❷の「接近型」の対応をします。
　Aさんや Bさんの側に立った話をすると，支援者も「敵」になってしまうためです。
②子どもの間に入り，両方が話し合える「安全地帯」をつくります。
③両方の「言い分」を聞き，「話し合い」の場をつくります。
　このとき「本当の欲求」（両方とも楽しく遊びたい）が実現するための話し合いであることを明確にします。
④両方の欲求を叶えるために，両方が「なっとくする」方法を考え，安全に実行するための約束ごとをつくっていきます。
　「2人ずつ遊ぶ日を分ける」「3人のときは，先生に入ってもらう」等

---

④子ども側がわざと反発して相手を引き寄せるタイプ「反抗型」
　他者の興味関心を引くために，「道化」になったり，危険な行動や反発行

動をするタイプです。放置すると行動が悪化するため，親や支援者は，追い
かけまわしたり管理的になったりしがちです。このタイプは，元々は発信が
弱い「依存型」タイプだったのですが，見てもらえない内にマイナス行動を
したら周囲が注目してくれることを体験し，繰り返すようになっています。

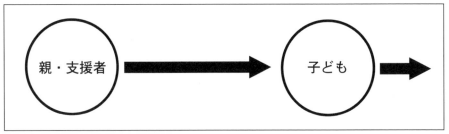

図17-6　反抗型の子どもへの対応

┌─ 対応 ─────────────────────────────────────

①子どもがやっている行動を客観的に伝えます。「～をしてますね」

　子どもが自分の行動の基にある欲求に気づくことが目的です。

②欲求を言葉にします。「～いうことがしたいのですか？」

③子どもが「そうだ」と応えたら，適切な方法を一緒に考えます。

④子どもが「ちがう」という場合は，子どもの興味が出そうなことを伝えて逃
　げるのをストップします。

⑤子どもが話し合いに応じたら，見通しを伝えます。

　「これから～をします」「その後，あなたがやりたい～をします」

⑥問題行動が続く場合は，限界設定をします。

　「これ以上，その行動をすると～しないといけなくなります」

　この時，行動規範をあらかじめ決めておくとそれに従った対応がとれます。

⑦待ちます。よい行動がでたら，「ありがとう」と話を始めます。

⑤選択性の注意が働かず，さまざまなものに興味をもって，落ち着かない「多動型」

　多動性が高く，次々と愛着対象が転動する子どもの場合，親や支援者がす

べてに付き合っていると疲弊します。話題が次々と変わったり，やりたいことや欲しいものが次々変わったりして内容が深まりません。子どもも，いろいろ活動しているわりには，達成感がなくて不満を募らせています。

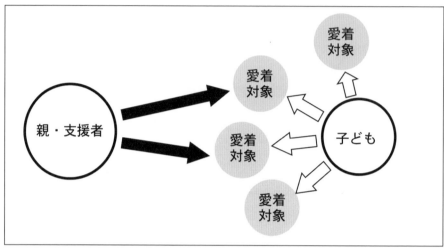

図17-7　多動型の子どもへの対応

> **対応**
>
> ①刺激を制限した環境をつくります。
>
> ②行動よりも，元になっている「欲求」に注目します。
>
> ③−⑴一つに集中させたい場合は，「限界設定」をします。
>
> 　「今は〜をする時間です」
>
> ③−⑵さまざまなことをしてもいい場合は，「優先順位」をつけて「計画を立てる」

子どもの主張の受け止め方

　子どもが興奮しているときは，まず，気持ちを受け止めて下さい。気持ちを受け止めてもらうと，感情の制御がしやすくなり子どもも落ち着いて客観的に状況を見るメタ認知力が働きやすくなるためです。以下に，子どもの欲

求を適切な形に修正する方法と，子どもを衝動的にさせないで欲求を断る方法を解説します。

①子どもの欲求を適切な行動に変容する場合の対応
☆子どもが攻撃的な行動や主張をします。

`ステップ1`　どのような感情も受け止めます

「そうなんだ」「すごく，怒ってるんだね」「めんどくさいみたいだね」

`ステップ2`　相手の欲求を言葉にします

「Ａさんは，こういうことがしたいのかな」「これが嫌なのかな」

☆子どもがそうだと答え，主張を繰り返したりすぐにやってくれといいます。

`ステップ3`　欲求を叶えるための適切な方法を提案します

「そうなんだ」と，気持ちを受け止めてから「それなら，こういうやり方をしましょう」と提案します。

☆子どもが提案に乗った場合は，実施します。

☆子どもがその提案は嫌だという場合は，ステップ4へ。

`ステップ4`　話し合いをします

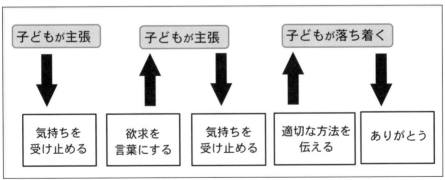

図18-1　子どもの欲求を適切な方法に修正する声かけ

②子どもの欲求を相手がキレないように断る場合の対応
☆子どもが攻撃的な行動や主張をします。

ステップ1-1 どのような感情も受け止めます

「そうなんだ」「そんな風に思うんだね」

ステップ1-2 相手の言葉を繰り返したり，相手の行動を言葉にします

メタ認知を働かせるためです。

「今，〜って言ったね」「今，〜いうことをしているね」

ステップ2 私メッセージで自分の状況を伝えます

私メッセージ1 （自分の状況を説明します。）

「私は，今，〜いうことをしています」

私メッセージ2 （相手の行動によって自分がどんな気持ちになったかを

伝えたい場合）「わたしは，〜いう気持ちです。」

「なぜなら，〜いうことが起こったからです。」

☆子どもが批判，拒絶，反抗などをします。

ステップ3 上記のステップ1，2をもう一度繰り返します

「そうなんだ。〜いうことがしたいんだね」「私は，今〜いう状態です」

☆子どもが，落ち着きます。

ステップ4 「ありがとう」と伝えてから，話し合いを開始します

☆子どもがまだ興奮している場合は，「何分後にもう一度話しましょう」と

いって，離れます。制御機能を働かせやすくするためです。

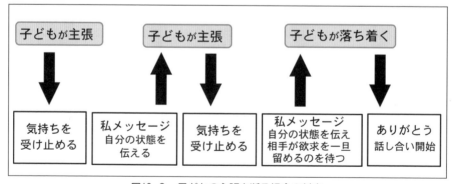

図18-2　子どもの主張を断る場合の対応

（本田　恵子）

5 発達障害（神経発達症）への薬物療法について

発達障害への支援・薬物療法

　発達障害は，「中枢神経系に何らかの機能障害があると推定される」障害です。発達障害への支援は，「発達障害者支援法」（平成17年施行），「特別支援教育」（平成19年開始）で始まり，教育，福祉，保健・医療の連携した本人への支援，その育ちの基盤となる家族への支援が求められています。

　発達障害児者に生じる家庭，学校，社会生活の中で困難に対しての介入や支援は，環境調整や各種の心理社会的治療などが中心となりますが，発達障害における中枢神経系の機能やその病態の解明が進み，薬物療法が進歩しました。図19，20に発達障害に併存または二次障害として出現しやすい，うつ，不安障害，反抗挑発症，素行症（行為障害）などを示しました。薬物療法を含む治療的介入により，二次障害の予防が進み，交通事故や犯罪，さらに長期予後では健康寿命の延長につながります。なお，発達障害児は，子ども側の虐待ハイリスクゆえ，虐待予防を念頭においた早期からの継続的介入支援が求められ，最近では母子保健（保健所，保健センターなど）が中心となり「子育て世代包括支援センター」のシステムが地域で始まっています。※この支援法で対象となる精神障害や疾患は，医学的診断基準である，アメリカ精神医学会の神経発達症の診断基準（DSM-5），WHOの診断基準 ICD-10（ICD-11は日本語翻訳中）とは若干異なります。ここでは，DSM-5の診断基準で表記します。

　発達障害（以下，神経発達症）と二次障害などへの主な薬物治療に使用（日本で保険認可されている薬）されている主な薬剤を示し，主に注意欠如・多動症（以下，ADHD）および自閉スペクトラム症（以下，ASD）の

推定されている病態と薬物治療の要点を述べます。

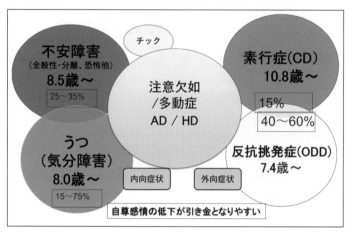

図19　注意欠如多動症（ADHD）の二次障害・併存症の発症年齢と割合

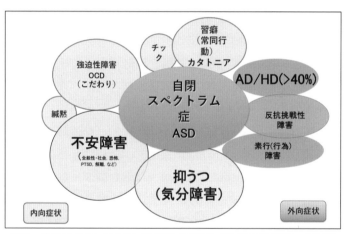

図20　自閉スペクトラム症（ASD）に発症しやすい二次障害，依存症

　まず，脳内の伝達物質である，ノルアドレナリン（NE），ドーパミン（DA），及びセロトニン（5-HT）の機能とその異常（精神疾患・障害の病態）について研究が進んでいます。以下，神経発達症に関係する3種の伝達物質と脳機能及びそのネットワークについて推定されている病態を概説します。

注意欠如・多動症（ADHD）の推定されている脳の機能の異常について

　ADHD の発症原因は未だ不明ですが，下記が複雑に絡み合って発症すると考えられています。すなわち，脳の構造的・機能的要因（前頭前皮質などの機能低下，神経伝達物質（特に，ドーパミン系〔DA〕，ノルアドレナリン系〔NE〕の調整異常），が，遺伝的要因，環境要因で起こると推定されています。大脳の前頭前皮質は，実行機能（作業記憶，注意，反応抑制など）において重要な役割を果たしており，前頭前皮質の覚醒，注意，認知機能などを制御していると考えられています（なお，前頭前皮質において主要なアドレナリン受容体は，NEα2A 受容体）。その機能障害により，作業記憶の低下や注意散漫，多動及び衝動性などの行動異常が起こることが示唆されており，その前頭前皮質の機能障害（ADHD 症状）に対して，DA：中枢刺激薬（ドーパミン〔DA〕・ノルアドレナリン〔NE〕再取り込み阻害薬，メチルフェニデート徐放錠，リスデキサンフェタミン）が開発されました。

①ノルアドレナリン（NE）

　NE 作動性ニューロンは脳幹の青斑核に多く存在し，青斑核から大脳皮質，扁桃体，海馬など脳内に広く投射されます。

　NE：非中枢刺激薬：選択的 NE 再取り込み阻害薬（アトモキセチン），選択的α2A アドレナリン受容体作動薬（グアンファシン）が開発されました。

● NE の情動系の機能とその障害

　さらに，前頭前皮質は，感情，行動，思考の調節制御をしていますが，影響を及ぼす2つの基本的なプロセスが推定されています。通常時においては，前頭前皮質から他の大脳機能の制御をトップダウン制御システムで行なっていますが，体外，体内からのストレスが降りかかると，大脳辺縁系の扁桃体を中心としたボトムアップ制御システムが働きます。扁桃体の過活動により，刺激に対して，怒りや逃避のような原始的（動物の本能的，情動的）な反応が優位となり，行動となって現れることが推定されています。

②ドーパミン（DA）

　また，前頭前皮質の機能を"適切"に調節するためには，特に「報酬系」に関与するDA系において，適度なD1受容体への刺激が求められることが指摘されています。中枢刺激薬であるメチルフェニデートは，ドーパミン（DA）及び，ノルアドレナリン（NE）再取り込み阻害薬です。

③セロトニン（5-HT）

　延髄の縫線核群で生成されそのニューロンを，大脳辺縁系の視床下部や大脳基底核，高濃度に分布し大脳・小脳へ上行性に広く投射して，さらに，下行性に脊髄まで投射しています。自律神経系（概日リズム〔睡眠・覚醒のリズム〕や循環器・消化器系機能，体温調節などの生理機能）の制御を行っており，その機能異常と精神疾患である統合失調症，うつ病などの気分障害，さらに，自閉スペクトラムの病態の関連の研究が進み，薬物療法の根拠ともなっています。5-HTは，精神の安定に大きく関わっており，DA，及びNEをコントロールしています。具体的には，5-HTが低下すると，DA，NEのコントロールが不安定になりバランスを崩すことになり，攻撃性が高まったり，不安やうつ状態，パニックなどの精神症状を引き起こすといわれ

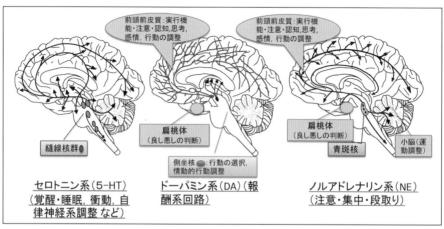

図21　セロトニン（5-HT）・ドーパミン（DA）・ノルアドレナリン（NE）系ニューロンとその役割

ています。

ADHD への薬物療法

　現在日本では，４剤が適応薬と承認されています（表３）。適応年齢は，当初６歳から保険適応として承認されて，18歳未満まででしたが，18歳以後の成人についても保険適応として承認されました（但し，覚醒剤取締法によって規制されているビバンセ Ⓡ を除く）。

　ADHD 診療ガイドライン（第４版）では，治療・支援においては，ADHD と診断が確定された場合，先ず環境調整，心理社会的治療を始めます。その後の症状経過により薬物療法の併用検討など，アルゴリズムにより明確化されており，症状に応じて薬物療法が選択されます。また，①併存症を伴わない ADHD の薬物療法，②不安障害を併存する ADHD の薬物療法，③重篤な抑うつ状態を併存する ADHD の薬物療法，④チック症状を併存する ADHD の薬物療法，⑤行動障害を併存する ADHD の薬物療法について，併存症の種類別に薬物療法の選択肢のアルゴリズムが明記されました。詳細については，『注意欠如・多動症─ADHD ─の診断・治療ガイドライン 第４版』（ADHD の診断・治療指針に関する研究会 齊藤万比古 編，じほう，2016年）を参照してください。

　図22はガイドライン（第３版）で提示された，GAF の尺度（生活における全般的な心理社会的機能）により，薬物投与開始の目安を決めています。薬物療法の開始時期と効果と終了時期については，図23の米国での長期予後（年齢：治療なし群：23歳±3.7 vs 治療群：21歳±3.0）調査結果が参考となります。すなわち投与開始年齢8.8歳，投与期間は２〜10年（平均投与年数６年間）で，薬剤の介入があった方が，併存しやすい精神障害を有意に減少させる結果です。開始時期は，自尊感情が低下し，抑うつ状態や素行症などの二次障害の発症前に開始します（筆者らの自検例550の平均処方開始年齢は9.1歳であった）。筆者は，「最低１年間は服用しよう」と説明し，１年ご

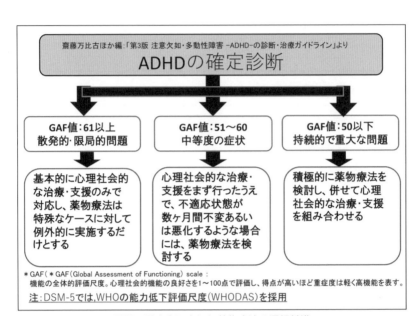

図22　重症度に応じた薬物療法の選択基準

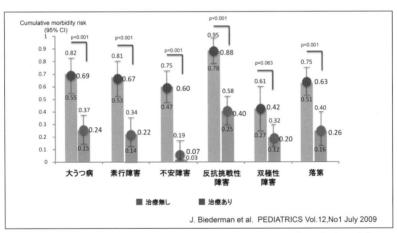

図23　中枢刺激剤治療の有無による AD/HD 随伴症状の長期予後（＞10年）
（年齢：治療なし…23歳±3.7　治療…21歳±3.0）
治療開始：3〜21歳（平均8.8歳）　治療期間：2〜10年（平均6年）
双極性障害を除いて治療軍は，各随伴障害のリスクを下げる

とに休薬の期間を設けてその有効性を確認するようにしています。学校生活上の困り感の判断は難しく，診察場面での判断が軽度と判断し薬物療法が後手になる場合があります。医療機関に受診する患者の多くが学業不振，対人関係形成困難が悪化し GAF50前後まで低下していることが多いので，薬物療法併用を考慮しています。薬物療法は，適時適切に行えば症状の改善や二次障害や併存症の発症減少につながります。

　なお，ADHD の診断には，家庭と学校などからの情報収集は必須であり，その際 ADHD-RS（評価）に記入してもらうと，診断の参考となりその後の薬物療法の効果判定にも役立つので，可能な限り記入をお願いしています。

　以下，具体的薬剤について概説します（表3）。

表3　ADHD 治療薬（作用・副作用ほか）

成分：薬品名（商品名®/剤型）	①メチルフェニデート（コンサータ錠®/錠剤）	②アトモキセチン（ストラテラ®他/カプセル・錠剤・液体）	③グアンファシン（インチュニブ®/錠剤）	④リスデキサンフェタミン（ビバンセ®/カプセル）※覚醒剤原料に指定
作用	中枢刺激薬（ドーパミン[DA] ノルアドレナリン[NE] 再取り込み阻害薬）	非中枢刺激薬（選択的ノルアドレナリン再取り込み阻害薬）	非中枢刺激薬（選択的α2A アドレナリン受容体作動薬 [NEα2A]）	中枢刺激薬（ドーパミン[DA] ノルアドレナリン[NE] 再取り込み阻害薬）及び，DA/NE 遊離促進
適応年齢	6歳～成人	6歳～成人	6歳～成人	6歳～18歳未満
服用方法	1日1回（朝）	1日2回（朝・夕）	1日1回（朝 or 夕）	1日1回（朝）
効果発現	服用したその日から	服用後（増量）4-6週で安定	服用後（増量）1週後徐々に効果4-6週で安定	服用したその日から
効果の持続	約1～12時間	24時間	24時間	約1.5～13時間
休薬	必要に応じて可	不要	不要（急な中止は避ける）	必要に応じて可
副作用（頻度など成書参照のこと）	食欲不振・体重減少・頭痛・腹痛・不眠	食欲減退（初期）・頭痛・腹痛・傾眠	血圧低下・めまい・頭痛・腹痛・傾眠	食欲不振・体重減少・頭痛・腹痛・不眠
禁忌・注意（成書など参照のこと）	慢性チック，重症鬱病甲状腺機能亢進，緑内障，不整脈など	緑内障	不整脈（房室ブロック）	※薬物乱用者・既往者慢性チック，心疾患，甲状腺機能亢進，不整脈など

①メチルフェニデート徐放錠（OROS-MPH）

　中枢神経刺激薬である。即効性があり，外向症状である反抗挑発症や素行症等，また攻撃性が高い例には第一に検討されます。通常18mg 1錠より開始し，2週間ごとに効果判定し，9mg ずつ増量し　最高量54mg/ 日まで

増量可能で至適量の調整が必要です。副作用として，頭痛，食欲減退，睡眠障害（入眠困難）などがあるので，初期だけでなく長期間体重測定など経過観察が必要です。休日などは休薬してもよいですが行動が落ち着かない場合は毎日投与でよいです。チック症がある場合は，アトモキセチン（ATX）やグアンファシン（GXR）投与を優先します。

②アトモキセチン（ATX）

　NE 再吸収阻害薬で，主に不注意優勢型の ADHD タイプに使用することが多いです。即効性は期待できず，効果発現し判定までに治療量（1.2-1.8mg/kg/ 日）に増量してから２週から４週間（投与開始から６週〜８週間）程度の時間を要します。内服開始当初は食欲不振，傾眠傾向，咽頭痛などを訴えることがありますが副作用は強くありません。随伴する不安や抑うつ状態への効果も期待できます。

③グアンファシン（GXR）

　選択的α2A アドレナリン受容体作動薬です。NEα2A ニューロンは，延髄の青斑核の多く存在し大脳，扁桃体・海馬などの辺縁系に投射しています。前頭前皮質に作動し，不注意症状にも有効。一方，仮説ですが，人に強いストレスが降りかかると，理性の機能である前頭前皮質機能は弱まり，延髄の青斑核から投射している本能的原始的な脳機能である大脳基底核，扁桃体など情動に関するネットワークが優勢となり，情動系の衝動や多動，怒りなどの感情のコントロールの困難症状を呈します。そのため GXR は衝動／多動 ADHD への選択を考慮します。またチック症状の改善に少し期待できます。副作用として，傾眠，口渇，体位性めまい，浮動性めまい，便秘や血圧低下，徐脈，起立性低血圧などがあり，使用前に心電図検査と定期的な血圧検査を行うことが進められています。

④リスデキサンフェタミン（ビバンセ®/カプセル）

　中枢刺激薬（ドーパミン［DA］ノルアドレナリン［NE］再取り込み阻害薬）及び，DA/NE遊離促進作用があり，①で効果が見られない場合，使用を検討しますが，覚醒剤原料に指定されており，既に薬物乱用やその既往，家族に乱用の既往がある場合は使用できません。即効性があり，外向症状である反抗挑発症や素行症等，また攻撃性が高くコンサータ錠の効果が不十分の例などに検討されます。年齢は18歳未満と年齢制限があります。

　なお，2019年12月より「ADHD適正流通管理システム」が運用開始となり，中枢神経刺激薬である，メチルフェニデート徐放錠（コンサータ錠），リスデキサンフェタミン（ビバンセ）は，患者のシステムへの登録が義務付けられ，処方医・調剤薬局も登録制となりました。

自閉スペクトラム症（ASD）への薬物療法

　自閉スペクトラム（ASD）では，その病態として，脳内伝達物質である，セロトニン（5-HT），ドーパミン（DA）の機能異常が推定されています。ASDに対する薬物治療は，中核症状である社会性・コミュニケーションの障害への改善治療薬ではありません。ASD児・者が，自律的に教育や心理社会的な支援に取り組めるように，その阻害要因となる行動上の問題（易刺激性）を軽減することが目標となります。易刺激性（行動障害）とは，ADHD症状（衝動，多動性），儀式的・強迫的行動，精神興奮（癇癪やパニック），自傷，他害，睡眠障害などです。ASDに適応承認されている薬剤はリスペリドンとアリピプラゾールの主に2剤です（2016年承認）。なお，薬物療法においては，定期的に安全性及び有効性を評価し，漫然と長期にわたり投与しないことが肝要です。

①リスペリドン

体重15kg 以上20kg 未満の患者…通常リスペリドンとして1日1回0.25mg より開始し，症状により適宜増減します。4日目より1日0.5mg を1日2回に分けて経口投与します。増量する場合は1週間以上の間隔をあけて1日量として0.25mg ずつ増量します。但し，1日量は1mg を超えないようにしましょう。

体重20kg 以上の患者…通常リスペリドンとして1日1回0.5mg より開始し，症状により適宜増減します。4日目より1日1mg を1日2回に分けて経口投与し，増量する場合は1週間以上の間隔をあけて1日量として0.5mg ずつ増量します。但し，1日量は，体重20kg 以上45kg 未満の場合は2.5mg，45kg 以上の場合は3mg を超えないようにしましょう。

②アリピプラゾール

　通常アリピプラゾールとして1日1mg を開始用量，1日1〜15 mg を維持用量とし，1日1回経口投与します。なお，症状により適宜増減しますが，

表4　発達障害（神経発達症）への主な薬物療法

	対象となる障害，症状など	薬品名（保険適応となっている薬物（一般名））	備考（対象年齢など）
ADHD 治療薬（表2参照）	ADHD：多動 / 衝動，不注意	①メチルフェニデート②アトモキセチン③グアンファシン④リスデキサンフェタミン	①，④ ADHD 適正流通管理システムへ登録が必要②③：6歳〜成人④小児期6歳〜18歳未満
抗精神病薬（向精神薬）	ASD：易刺激性（行動障害）（例興奮，焦燥，パニック（癇癪），多動，衝動，攻撃性，強いこだわり（常同行動）など）但し，他の精神疾患の併存症状として処方することがある（例 ADHD の多動 / 衝動症状）	①リスペリドン②アリピプラゾール※適応外薬：クロザピン，オランザピン，ジブラシドン，クエチアピンなど	①5歳〜17歳（max：3mg/ 日）体重15kg 以上20kg <1mg/ 日体重20kg以上45kg <2.5mg/ 日体重45kg以上 <3mg/ 日②6歳〜17歳（max：15mg/ 日）
気分安定薬抗てんかん薬	双極性障害（躁・鬱）・気分障害VPA・CBZ: 躁病・躁状態LTG: 双極性障害（躁・鬱）抗てんかん薬	バルプロ酸ナトリウム（VPA）カルバマゼピン（CBZ）ラモトリジン（LTG）（リチウム躁鬱のみ）	年齢：抗てんかん薬としては，小児期から承認。但し，気分安定薬としては，小児期（18歳未満）の使用は注意
抗不安・抗うつ薬	うつ病，うつ傾向，不安，パニック，強迫症など（PTSD）	セロトニン再吸収阻害剤（SSRI，SNRI 他）注1）ベンゾジアゼピン系薬剤 注2）	注1）思春期年齢では自殺企図に注意注2）習慣性・依存に注意
睡眠導入剤	睡眠障害（入眠障害，中途覚醒など）	メラトニン（メラトベル ®）（2020〜）その他年齢適応外薬あり（ラメルテオン（ロゼレム ®））	6歳〜15歳（ラメルテオン：成人適応）
漢方薬	ADHD/ASD 症状	抑肝散，抑肝散加陳皮半夏など	成書を参照のこと

増量幅は1日量として 最大3mgとし, 1日量は15mgを超えないように
しましょう。なお, 薬物動態上, 定常状態に達するまでに約2週間を要する
ため, 増量は2週間経過観察してから検討します。

③メラトニン（メラトベル®）

睡眠導入剤として, メラトニンが2020年に承認されました。

④その他の薬剤

表4に掲げているように, 症状や状態により他の向精神薬, 漢方薬なども
使用されます。詳細は成書を参照して下さい。

福祉制度の活用—精神障害者保健福祉手帳と自立支援医療（精神通院）—

発達障害児で「知的障害」を伴う場合は, 療育手帳の取得が可能ですが,
知的障害がなく「発達障害」がある場合は,「精神障害者保健福祉手帳」取
得とその利用が進みつつあります（同時に高次脳機能障害も該当）。薬物治
療など精神科医療は, 自立支援医療（精神通院）に該当するので,（15歳以
後）医療費は, 3割負担が1割負担に軽減（所得制限あり）されます。また
福祉的支援（障害者雇用など）が受けやすくなり, 20歳で生活能力が, 就労
困難のみならず日常生活に制限がある場合には障害基礎年金の受給できる可
能性があります。

●おわりに

発達障害児（者）の支援のゴールは, 個々の特性にあった社会的自立であ
ります。発達障害の疑いのある乳幼児の段階から早期介入により健やかな発
達を促し, 家族支援を行なうとともに, 必要に応じて, 薬物療法を含む医療
的支援や保健, 福祉, 教育の連携した支援が求められます。将来社会的自立
が実現し心豊かに生きることができるインクルーシブな地域社会づくりが望
まれます。　　　　　　　　　　　　　　　　　　　　　　　　（米山　　明）

CHAPTER 3

アンガー
マネジメントの
ケーススタディ

小学生事例

知的に高い ASD　青鬼さん

場面緘黙・兄弟葛藤から
青鬼さんタイプでキレる小学6年生の男児A

経緯と面接の様子

●アンガーマネジメントを受けるまでの経緯

　家で2年生の弟とのけんかや，家の中で暴れること，親への暴言が絶えず，感情的になって外に飛び出し警察に捜索願が出されたこともあり，母親が相談にきた事例です。学校や外ではほとんど喋らず，大人しく過ごすことが多いのですが，家に帰ってきてから外で感じた不満や怒りを家族にぶつけることが多く，その多くが暴言（「死ね」，「消えろ」，「くそばばあ」等）や攻撃的な行動（弟を蹴る，ものを投げる，床をドンドンと踏み鳴らす等）という形になっていたようです。

●インテーク面接の様子

　本人の主訴を聞くと，「学校で困っていることは特になく，弟の行動にイライラする，手を出してしまう」とのことで，弟との関係性が主な困りごとということがこの時点でわかりました。表情カードを渡して＜この中から今の自分の気持ちを選んでくれる？＞と問いかけると，40枚以上あるカードを2周ほどして，最終的には首をかしげて困り笑いのような表情をこちらにみせてきたため，＜ぴったりな顔がみつからなかった？＞と聞くと，はっきりと頷いていました。面接の最後に＜Aさんは弟君との関係を何とかしたいって気持ちはあるかな？＞と尋ねると，頷いたため，Aさんに必要なスキルとアンガーマネジメントの概要を説明し，インフォームドコンセント（プログラムを受けることへの同意）を得ました。

見立てとプログラムの設定

●児童の見立て

インテーク面接から，Aさんに特徴的な点を以下のように見立てました。

①**感情**：表情カードから，自分の気持ちを選べなかったことは，自分の気持ちを言葉やイメージで捉えられていないか，ピッタリと当てはまる気持ちがないと選べないこだわりがある？　　　　　　　　【感情の未分化】

②**認知**：家では暴れ馬のようなAさんが，外では大人しくしていることは，安心できない場所では「自分」を出さないことで，複雑な対人関係やトラブルを避けようとしている？

【トラブルには対処できないという自己効力感の低さ】

③**行動**：知的に高いにもかかわらず，家族には暴言と暴力という形で表現されていることは，「アンガー状態」では自分の気持ちや考えを言葉で整理できず，刺激に対してすぐに反応してしまっている？【衝動的な行動】

これらの見立てからAさんに必要なスキルは大きく以下のものであると考えられました。

①自分の気持ちを理解する力

②外からの刺激とそれに対する自分の反応パターンの理解

③トラブルをどう解決するかを考え，実践する力

④自分の気持ちや考えを相手がわかるように伝える力

●プログラムの構成と進め方

　個別用アンガーマネジメントＤプログラムを基に，全６回（各回50分，週に１回）で行いました。それぞれの回のＡさんの様子と介入のポイントを見ていきましょう。なお会話文中の＜＞はセラピスト（以下 Th），「」はＡさんの言葉を表します。

表１　各回の主な活動内容とＡさんの変化

		主な活動内容	Ａさんの変化
各回		・気持ちのモニター表（事前事後） 　自分の気持ちと理由をモニターし，明確化する。	・回が進むにつれて，気持ちを言語化できるようになった。
第1回	【第1課程】	・気持ちの温度計 　自分の気持ちがどのような場面でどのように変化するかに気づき，対応方法を考え，練習する。 ・ストレスマネジメント 　(1)刺激を排除する方法，(2)身体の緊張をほぐす方法，(3)気分転換をする方法の３つを練習する。	・自分の怒りが出てくる場面を認識し，その時にできそうなストレスマネジメントを実際に行った。
第2回・第3回	【第2課程】	・なっとくのりくつ 　自分の気持ちを落ち着けたり，自分の欲求と他者の欲求の折り合いをつける言葉を考える。 ・出来事整理シート 　アンガーになった出来事を刺激と反応に整理し，いつ・どんな適応的な行動が取れたかを考える。	・気持ちの言語化が増えてきた。 ・「どうせ相手は私のことを分かってくれない」という認知から，実は自分の考えや気持ちが相手に伝わっていなかったことに気づいた。
第4回	【第3課程】	・カチッとファイブ 　自分や他者の価値感に気づき，受容する。	・プログラムを受けることへの動機づけが高まった。 ・自分の気持ちを相手に伝えるようになった。
第5回	【第4課程】	・受動的に聴く 　話を共感的に聴く方法を学ぶ。 ・私メッセージ 　自分の気持ちや考えを，相手が理解できるように伝える方法を学ぶ。	・相手に伝わりにくい言い方をしていたことに気づき，どう伝えればわかりやすいかを意識できるようになった。
第6回	【第5課程】	・ブレインストーミング 　問題場面での解決方法を創造的に出していき，その中から最もできそうなものから実践していく。	・日常生活での困り感が少なくなった。 ・後日談において，学んだスキルを別の場面でも般化していた。

活動の様子と介入のポイント

第1回：第1課程

●児童の様子

　第1回では，10分ほど遅刻し，面談室に入室した際の表情は固く，緊張感の強さが窺えました。気持ちのモニター表（事前）では，表情カード（驚いた顔）は選べるものの，気持ちの言葉や理由を書くことができませんでした。

　受け答えはインテーク面接に比べるとやや反応が増えましたが，やはり言葉数は少なく，喋ってもほとんど聞こえないくらいの音量で，わからないときは黙り込んでじっと一点を見つめていました。気持ちの温度計では，1～2分考えた後に怒りが出てくる出来事として「いやなことをしてきたり，言ってきたりするとき」と書きました。＜例えば？＞と尋ねると，「つくったものを弟に壊されたとき」と小さな声で答えました。他に気持ちが冷めるときの出来事として，「おもしろくない勉強をやらされるとき」を書き，安心しているときの出来事はしばらく考えても書けませんでした。

　ストレスマネジメントとしては，普段から運動をしているとのことで，運動ができないときに使えるものとして深呼吸を練習しました。また，パンチバッグを見せると何度も叩いてストレスマネジメントをおこなっている様子が見られました。

●考察と介入のポイント

　第1課程は，自分の気持ちや考え方，行動パターンなどへの「気づき」を促すことが重要なポイントになります。そのため，気持ちのモニター表で「わからない」「ふつう」「眠い」といった回答が出てきた場合，選んだ表情から＜〇〇みたいな気持ち？＞と言い換えたり，＜それはあなたにとってよい気持ち？　よくない気持ち？＞と分類し，自分の気持ちと向き合う機会を増やすことが，感情の分化やメタ認知を促すポイントになります。

また，気持ちの温度計では，普段から安心している場面を意識できていな
かったことが見立てられました。そのため，＜普段からあ
まりほっとできるところがないんだね。それは大変だよね。
＞と共感を伝えることで，「そうか，自分は大変なんだな。
何とかしたいな」と自身の現状に気づき，解決したいとい
う動機づけを高めることがポイントになります。

図1　感情カード

1. 気持ちのところに、自分の気持ちにあてはまる表情の番号を書いてくださ
い。また、そのような気持ちになった理由をとなりに書いてください。

書きかた

日付	始まる前の気持ち	そのような気持ちになった理由	ワーク後の気持ち	そのような気持ちになった理由
3/7	6	あんまりやる気がおきないから	7	リラックスする方法がわかったから。

始まる前の気持ち	そのような気持ちになった理由	ワーク後の気持ち	そのような気持ちになった理由
7	わからない	44	（ストレッチバナナ、ストレスリリーサー）

図2　気持ちのモニター表（第1回）

第2・3回：知的理解

●児童の様子

第2回では30分ほど遅刻し，「行きたくなかったのに無理やり来させられた」と気持ちのモニター表に書き，「くやしい」の表情カードを選んでいました。来たくなかった気持ちを受け止めつつ，プレイルームでボール遊びをした後，本人の話を聞くと，

> ① 「プログラムへの参加に納得しきれていなかったところもあり，朝起きたら行きたくない気持ちになったこと」
> ② 「その気持ちを母親に伝えてもどうせ聞いてもらえないと思っていたこと」
> ③ 「前に伝えたときは無視されて悔しかったこと」

などを小さな声で話してくれました。＜自分の気持ちはお母さんに伝わってそう？＞と尋ねると大きく首を横に振ったため，アンガーマネジメントでは自分の気持ちや考えを相手が理解できるように伝える方法も学べることを伝えると，納得した様子で頷いたため，プログラムを開始しました。

その後，＜ストレスマネジメントは使ってみた？＞と尋ねると，コクンと頷き，「気持ちは落ち着いたけれど，問題は解決しなかったこと」をゆっくりと話してくれました。出来事整理シートを使ってトラブル場面を一緒に分析していくと，「どうせ～」という思考パターンによって，反射的に言葉や行動が出ていることがわかりました。そのことを本人に伝え，＜次回はアンガーにならないためにできることを考えよう＞と伝え，終了しました。

第3回では，ストレスマネジメントとなっとくのりくつが書かれたカードを提示し，1枚ずつ確認してそれぞれの場面で自分ができると思った適切な行動を選んでくれました。弟とのトラブル場面では解決策をすんなりと考えついていましたが，母親とのトラブル場面ではじっと固まって何も思いつかないようでした。出来事整理シートによって，母親との関わりの中では「ど

うせ～思考」「なぜ私だけいつも怒られる？」といった考えが自動的に浮かんできて，気持ちが凍って（解離して）しまい，「逃げる」という行動パターンがあることが浮かんできました。＜この行動でお母さんはＡさんの気持ちってわかりそうかな？＞と伝えると，ブンブンと首を横に振りました。ここでは，母親には「無視している，聞いていない」ように伝わっている可能性があること，それが逆に相手を怒らせてしまっているかもしれないことな

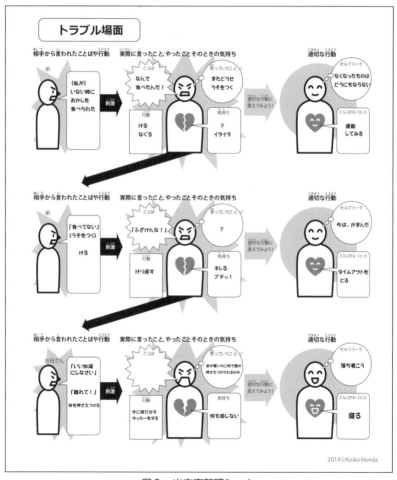

図３　出来事整理シート

どを伝え，表情や目つき，態度などを意識してもらいました。最終的にはすぐに解決はできないと本人が判断し，「とりあえず寝る」という対処方法を考えつきました。

●考察と介入のポイント

　アンガーマネジメントでは多くの児童が自分の苦手なこと，向き合いたくない部分を扱うため，子どもたちが参加したくなくなる場合も多々あります。今回は無理やりではありましたが来てくれたので，来れたことへの称賛，行きたくなかった気持ちを受容し，プログラムを始める前にボールキャッチやバランスボードでアイスブレイクしたところ，笑顔が出てプログラムにスムーズに参加できました。その際，どうしてその気持ちが出てきたか，そのとき何を考えていたか，その気持ちにどう対処したか，周囲の反応はどうだったかといったことを把握しました。これは出来事整理シートを口頭で行った形になりますが，シートがなくても頭の中で刺激と反応に分類できると，自分の気持ちや行動を客観視する力につながります。

　また，今回用いた出来事整理シートでは，現在の自分のパターンでは，状況がどんどんと悪化していること，トラブル場面で考えていることや気持ちは，相手に伝わっていないかもしれないことを理解することを強調しました。「どうせ〜」思考の強いＡさんは，自分のパターンを客観的に見て理解することで初めて適切な行動を考えられるからです。

第4回：感情的な受容

●児童の様子

　第2〜3回に続き，プログラム前に数分ボールキャッチやバランスボード，パンチバッグなどで気持ちを落ち着かせてからプログラムに入りました。気持ちのモニター表では，最初気持ちが選べなかったものの，以前のように固まるのではなく，「どうしよう，困った」のカードを選択し，上手く自分の

気持ちを伝えられるようになってきました。

　続いて受動的に聴くの具体的なやり方（①相づちや頷き②「そうなんだ」「～な気持ちになるんだね」などと相手の話を受け止める③「もう少し教えてくれる？」「たとえば？」「どうしてそう思うの？」など話を促すための質問をする④「話してくれてありがとう」と相手の話に対する感想を伝える）を練習してもらい，「カチッとファイブ」のワークで小声ながらも実践してもらいました。Ａさんは「話が止まったときに続けるための質問」が難しいと話しており，頷きや相づちはできそうとのことでした。質問の具体例を見せると，「自由な時間って何するんですか」「友達と気分転換って何して遊びますか？」と質問をしてくれました。カチッとファイブでは，Th も一緒に自分の大切にしている人，もの，モットーについてランキング形式で5位まで記入しました。Ａさんは，しばらく考えてから，1位「父」：一緒にサッカーをしてくれるから，2位「勉強」：受験して入った学校で就ける職業が変わってくるから，と記入していました。

●考察と介入のポイント

　プログラム前に一緒に遊ぶことは，Ａさんにとってストレスマネジメントを体験的に学べると考え，第2回以降毎回取り入れてきました。結果として，プログラムへの参加のスムーズさや，気持ちに向き合う余裕が生まれてきたように思われます。困った顔を選んだことに対しても，＜気持ちが選べなくて困っているんだね。でもその困っているっていう気持ちは伝わったよ＞とＡさんの感情をリフレーミング（視点を変えて伝える）することが，Ａさんの感情の分化をより深めるという点で重要です。

　カチッとファイブでは，Ａさんの価値観が十分に育っていないことが危惧されましたが，出してくれた内容については，受動的に聴くを使って Th が積極的に深めていきました。これは① Th による受動的に聴くのお手本を見て学ぶ，②自分の価値観を改めて認識する，などに効果的です。

第5回：新しい行動の学習

●児童の様子

初めて遅刻をせずに来室し，いつもより明るい表情でした。私メッセージの説明の中で，「自分は言いたいことが言い出せないタイプである」ことを教えてくれたため，＜それは自分を傷つけているかもしれない。ストレスが溜まっているのかも＞と伝えると，何度も頷いていました。

私メッセージの練習は，Ｄプログラムにあるロールプレイ用ワークシートのフォーマットを用いて行いました。インテークの内容やこれまでの様子から，場面は「友達から注意されて，言いたいことがあるけど言えない女の子」を選択しました。ロールプレイでは，登場人物の女の子に必要なストレスマネジメントやなっとくのりくつを考えてもらい，流れに沿って私メッセージを読んでもらう予定でしたが，じっと固まってしまったため，＜もし声を出しにくかったら，僕がＢさん役のセリフを読むから，それに合わせて目で読んでみて。読み終わったら目線をくれるかな？　それとストレスマネジメントとなっとくのりくつもやってみてね＞と伝えると，Th のセリフに合わせながらロールプレイを行ってくれました。

●考察と介入のポイント

アンガーマネジメントに来る児童の多くは，親が連れてきており，そのため基本的には「行きたくない」「めんどくさい」「なんで自分がやらなくちゃいけないの？」と思っていることが多いです。こうした前提に立つと，プログラム実施前の遊びや，Ａさんのアンガータイプに合わせたロールプレイ場面の選択などは，アンガーマネジメントの効果を実感でき，プログラムへのモチベーションをあげることにつながります。

また，アンガーマネジメントを受けに来る子どもたちは「どうせ言っても伝わらない」といった自己効力感が低いことが多いのですが，よくよく伝え方を聞いてみると，感情的に言っていたり，相手に伝わりにくい（あるいは

誤解されるような）言い方をしていることが少なくありません。ロールプレイでは実際の場面と近い状況で練習が行えるため，今までの自分の伝え方では自分の気持ちや考えが伝わりにくかったことに気づき，よりよい伝え方を学ぶことができます。

第6回：新しい行動の定着

●児童の様子

　前回に引き続き時間通りに来室し，気持ちのモニター表では「キャンプに行けるから嬉しい」と話してくれました。プログラム前の雑談でも，声は小さいながらも今までにないくらいよく喋っていて，その嬉しさが伝わってきました。「ブレインストーミング」では，自分の困っている場面を尋ねましたが，現在はそこまで困っていることはないとのことだったので，学校でよく見る「休み時間にしたいクラス遊びが分かれた」という場面を選択しました。そこでは，「ドッチボールと大縄をする日を分けておく」「2つの遊びをチーム対抗戦にしてみる」というように，合理的なアイディアから創造的なアイディアまで幅広く出せており，Th を驚かせるほどでした。最後の気持ちのモニター表では，「いいアイディアを出せたから嬉しい」ことを話し，「何かあっという間だった」とアンガーマネジメントの感想を言ってくれました。

●考察と介入のポイント

　第5～6回と遅刻せずに笑顔で来室したことは，Th との関係性がよくなったことやアンガーマネジメントの場が自分のためになると実感してきた証拠であると考えられました。振り返ってみると，プログラムそのものよりもむしろプログラム前後に行った雑談や遊びによって，Aさんとの信頼関係を築けたことが大きかったように思えます。信頼関係が大切なのは当たり前のことですが，プログラムを型どおりに実施することに意識が向きすぎると，

ベースに必要な信頼関係を疎かにしがちなため，注意が必要です。

　また，ブレインストーミングはこれまで学んだスキルの集大成になるため，冷静に解決策を考えるためには，ストレスマネジメントやなっとくのりくつで気持ちを落ち着かせ，意見が違う相手の話を受動的に聴く，自分の意見や気持ちを私メッセージで伝える，といったように，これまで学んだスキルがどのように使えるのかを結び付けて教える必要があります。

活動を通しての変化

　アンガーマネジメントが終わってから約１か月後に母親と面談をしたところ，相変わらず家で暴れたり，けんかすることもあるが，自分の考えていることを言葉にすることが増えてきたことを話されていました。また最近の印象的なエピソードとして，歯医者で，前回主治医が言ったことを忘れて処置していたことに対して，「普段だったら帰り道でぶつぶつと文句を言っていたのが，こないだは処置中にきちんと自分の言葉で伝えることができたんです」と話してくれました。こうしたエピソードからは，アンガーマネジメントで学んだスキルを日常的に使っていることが窺えました。

（大森　良平）

中学生事例

ASD＋ADHD　赤鬼さん
暴力・暴言から赤鬼さんタイプでキレる中学1年生の男子生徒B

経緯と面接の様子

●アンガーマネジメントを受けるまでの経緯

　学校での暴言や暴力が問題となり，謹慎処分を受けた事例です。本人は学校に残りたい意志があるようでしたが，学校側としてはアンガーマネジメントを受ける必要があると判断し，セラピスト（以下 Th）に連絡がありました。学校側や母親からは「キレやすく，衝動的に暴言や暴力が出てしまう」「人との距離感が掴めず，トラブルになってしまう」「暗黙の了解がわからない」といった情報がありました。

●インテーク面接の様子

　初回面接では，人見知りをすることなく丁寧な言葉遣いで Th と会話ができていました。面接室の隣にあったプレイルームを見ると，中にあったバランスボールに飛び乗るなど衝動的な行動が見られました。アンガーマネジメントを受けに来た経緯を尋ねていくと，学校でふざけてしまうことが多く，それを女子生徒に強く注意されてキレてしまい，衝動的に手を挙げてしまったとのことでした。自分の行動に反省はしつつも，「でも悪いのはあいつらだ！」と不満や怒りが湧き出る場面もありました。担任からも「今の時点でこうだと，高校入っても変わらないぞ」と言われ，不信感やプレッシャーを感じているとのことでした。

　本人は「学校に戻りたい。だから自分はこれをちゃんと受けなきゃいけない」と動機づけが既にされていることが見受けられたため，プログラムの内

容を説明し，夏休みの2週間で全6回を行えるように日程の調整をしました。

見立てとプログラムの設定

●生徒の見立て

アンガーマネジメントの理論に基づき，感情・認知（物事の捉え方）・行動の視点から，以下のようにBさんを見立てました。

> ①感情：自分にとって不快な刺激に対して，アンガーが湧き出やすく，収まりにくい　　　　　　　　　　　　　　　　　　　　　　【感情制御の未熟さ】
>
> ②認知：被害的に他者の行動を捉え，他責的になりやすい。また自分の欲求や考えを優先して行動しがちで，自身の行動を省みることが苦手　　　　　　　　　　　　　　　　　　　　　　　　　　　　【被害的な思考】
>
> ③行動：刺激に対して反射的に動いてしまう。気持ちを伝えたいと言う欲求はあるようですが，内的欲求（自分が本当はどうしたいのか）が十分に理解できていないため，どのように自分の気持ちや考えを伝えればいいのかわからない　　　　　　　　　　　　　　　　　　　【衝動的な行動】

これらの見立てからBさんに必要なことは大きく分けて以下のものであると考えられました。

> ①カッとなったときに落ち着く力
>
> ②自分がどういう流れでカッとなっているかを理解し，事前に対策をする力
>
> ③物事を客観的に捉え，他者との良好な関係性を維持するための行動を考える力

●プログラムの構成と進め方

　個別用アンガーマネジメントDプログラムを基に，2週間の間で全6回（各回50分）を行いました。それぞれの回のBさんの様子と介入のポイントを見ていきましょう。なお，会話文中の＜＞はセラピスト（Th），「」はBさんの言葉を表します。

表2　各回の主な活動内容とBさんの変化

	主な活動内容	Bさんの変化
各回	・気持ちのモニター表（事前事後） 　自分の気持ちと理由をモニターし，明確化する。	・疲れた，眠いといった身体感覚から，楽しい・不安といった感情語が出せるようになった。
第1回【第1課程】	・気持ちの温度計 　自分の気持ちがどのような場面でどのように変化するかに気づき，対応方法を考え，練習する。 ・ストレスマネジメント	・「どうにもならない」という考え方から，「何とかなるかもしれない」という前向きな考え方に変わった。
第2回・第3回【第2課程】	・なっとくのりくつ ・出来事整理シート 　アンガーになった出来事を刺激と反応に整理し，いつ・どんな適応的な行動が取れたかを考える。 ・相手が興奮しているときの対応 　相手が興奮しているときに相手の行動や感情を悪化させないようにする言葉や対応を学ぶ。	・トラブル場面を客観的に振り返り，相手を怒らせている行動パターンを知ることができた。 ・心の中にあるもう一人の自分の役割（抑圧していた無意識の怒りを代わりに出してくれていること）に気づいた。
第4回【第3課程】	・カチッとファイブ 　自分や他者の価値感に気づき，受容する。 ・受動的に聴く 　相手の話を共感的に聴く方法を学ぶ。	・相手の話を受動的に聴こうとする態度が出てきた。
第5回【第4課程】	・私メッセージ 　自分の気持ちや考えを，相手が理解できるように伝える方法を学ぶ。	・「（あなたに）〜をやめてほしい」というあなたメッセージの代わりに，私メッセージをつくることができるようになった。
第6回【第5課程】	・ブレインストーミング 　問題場面での解決方法を創造的に出していき，その中から最もできそうなものから実践していく。	・プログラム以外の場面でも，不安になったときに学んだスキルを般化して落ち着けるようになった。

活動の様子と介入のポイント

第1回：第1課程

●生徒の様子

　比較的リラックスした状態でプログラムに参加しており，気持ちのモニター表にもあまり抵抗がないようで，素直に自分の気持ちを話してくれました。気持ちのモニター表（事前事後）では，特に迷うことなく自分の気持ち（表情）を選び，理由もすんなりと書くことができていました。

　気持ちの温度計では，アンガーになってしまう場面を想起してもらうと，過去にアンガーになったときの記憶がどんどんと沸き上がってきてしまい，感情が高まってきました。落ち着くためのストレスマネジメント（例えば深呼吸，楽しいことを考えて話してみる）を伝えると，少し落ち着きました。その後，刺激から離れるストレスマネジメント（タイムアウト）を伝えると「それやりたいって言ったんだけど，先生に怒られて……」と諦めている様子が見られたため，＜その方法がB君にとってどうして必要かをきちんと説明できるようにしてみよう＞と伝えると，納得した様子が見られました。

●考察と介入のポイント

　Bさんはカッとなったときの対処方法が少なく，これまでやろうと試みても失敗した経験をたくさんしているようでした。実際にどんな場面で，どのようにストレスマネジメントを行ったかを詳細に聞き取ると，実はカッとなる前にできていなかったり，やりたいこと（タイムアウト，水飲みなど）を相手に感情的に伝えていたり，なぜやりたいかをわかりやすく伝えることができていなかったことがわかりました。そこで，それぞれのストレスマネジメントにはどのような効果が一般的にあるのかをしっかりと理解してもらい，実際に練習をしてみることで，Bさんにとっては「打つ手なしの状態」から，「アンガーになったときにこれをすれば自分は落ち着けるかもしれない」「次

は先生にこうやって伝えてみよう」といった前向きな考え方に変化していった回となりました。

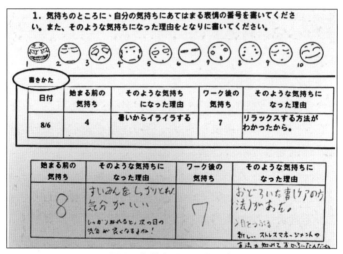

図4　気持ちのモニター表

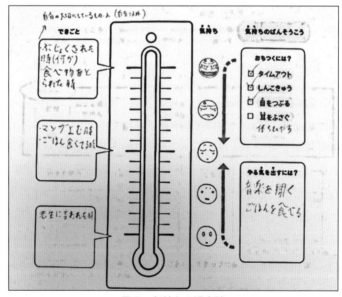

図5　気持ちの温度計

●生徒の様子

　前回のプログラム内容を振り返るとしっかり覚えており，きちんとプログラムに取り組んでいることが窺えました。出来事整理シートでは，本人の希望もあって停学のきっかけとなったトラブル場面を振り返ることにしました。

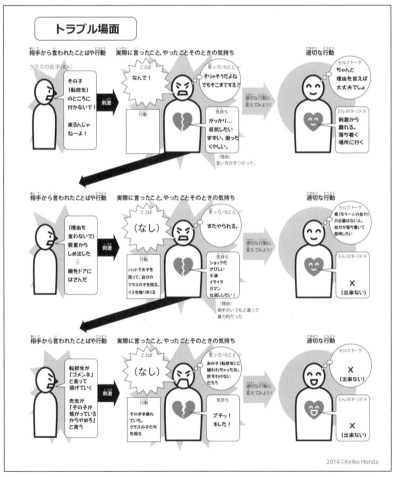

図６　出来事整理シート

Bさんは，文字を書くことが苦手であったため，Thが話を聞きながら代わりに記入する形となりました。出来事整理シートでトラブル場面を思い出しているときは，まるで先ほど体験したかのように感情が高まっていました。Bさんの中で当時の出来事への不満がいつまでも消化されず，ふとしたきっかけでアンガーになっているように思われました。また，「あいつらが悪いんだよ。いや，まぁ殴ったのは悪いんだけど……」と自身の行動については反省しつつも他責的な様子が見られました。Bさんの気持ちや考えは受け止めつつ，出来事整理シートを進めていくと，少しずつ落ち着いていき，当時の場面を客観的に（事実レベルで）語るようになっていきました。

　出来事整理シートの真ん中の列で，「ここはもうストレスマネジメントなんてできないよ」と話したため，＜どうして？＞と尋ねると，「もう一人の俺が出てくるから。俺にそっくりなんだけど，身体が真っ黒で血管が浮き出ていて，目と鼻がなくて，いつも怒ってる。小学2年生の頃から一緒にいたんだ。いつも後ろにいるんだけど，キレちゃうときはこいつが前に出てきて，自分が遠くから眺めてるみたいになって，気づいたら暴れた後になってる。あんまり覚えてないんだけど」と実際に絵を描いて見せてくれました。どうやらもう一人の自分に対してBさんは恐怖感，嫌悪感を抱いているようで，「いなくなってほしい」と常々思っているようでした。これまでにもう一人の自分に話しかけることもあったそうですが，口がないため会話にならず今では話す気も起こらないとのことで，辟易とした様子で話していました。

　これらの会話の中で，Bさんにはもう一人の自分が出てくる前に何とかしないといけないという考えが浮かんだようでした。

図7　もう一人の自分の顔（いかりけいのすけ）

第3回では，Bさんが相手との関わりにおいて「イライラしているときとか，ケンカしているときに相手を煽ってしまう」と話していたため，相手を怒らせない対応（落ちついた口調，早口で話さない，にらまない，リラックスした態度など）をロールプレイで学びました。

●考察と介入のポイント

　第2回で出てきた"もう一人の自分"のことは，「話したら変な奴だと思われる」と思って今まで誰にも話したことがなかったようです。ここでいう"もう一人の自分"とは，Bさんが抑圧していた怒りであったように思われます。"もう一人の自分"と言う表現は，児童臨床に携わっていると少なからず耳にするのですが，Bさんのようにもう一人の自分が勝手に行動をしてしまう場合，心理教育として何が起こっているのかをわかりやすく伝えていく必要があると考えられます。つまりは，＜Bさんの中にいる"もう一人の自分"は，もしかしたらBさんが我慢している怒りとか不満とかを代わりに出してくれているのかもしれないね。ただ，その出し方が強すぎてBさんはその人のことが怖くなっているんじゃないかな＞といったようにです。

　Bさんにそのことを伝え，"もう一人の自分（抑圧した怒り）"との親和性を高めるために呼び名をつけてもらったところ，笑いながら「じゃあ，いかりけいのすけにする（笑）」と言い，「ずっと言えなかったけど，お母さんとかにも相談してみようかな」と安心した表情を見せていました。ここで重要なポイントは，「そんなことあり得ないよ」「きっと大丈夫だよ」といったように否定や無理な励ましをするのではなく，「そうなんだね」と淡々と受け止める作業が必要であるということです。第3回の最初には「お母さんに相談したらしっかり聞いてもらって安心した」と喜んで話していました。

　第3回では，煽りという行動だけでなく，声の大きさや態度なども相手をより怒らせている要因であることを伝えました。しかし，Bさんは曖昧な表現を理解することが苦手であったため，具体的な代替方法を伝えることが重要だと考えられました。そこでBさんには煽られる役をやってもらうことで，

どれくらいの声量や話すスピード，態度であればアンガーになりにくいかを考えてもらったところ，ロールプレイの中で冷静にゆっくりと自分の気持ちや考えを話すことができていました。

第4回：感情的な受容

●生徒の様子

　カチッとファイブでは最初，自分が大切にしている人，言葉，モットーについて考えてもらう予定でしたが，Ｂさんは「ここでは言えないことがある」と拒否したため，人と関わる際に大事にしていることをテーマにしました。第１位を書いた時点で文字を書くことを嫌がったため，Th が話を聞いて代わりに記入しました。第１位から第５位まですらすらと話し，その理由についてもきちんと説明できていました。全体を振り返り，①相手によく思われたい（嫌われたくない），②そのために相手によい印象を与えることをする，などを大切にしていることに気づいた様子が見られました。

　受動的に聴くのワークでは，相手の話をまず聞くためのフレーズ（そうなんだ，わかるよ，もう少し教えてなど）をいくつか伝えると，それらのフレーズをすぐに使って Th の話を聴こうとしていました。＜話を聞いてくれてありがとう。話しやすかったよ＞と素直に感想を伝えると，「まじっすか，よかったです（笑）友達にも使ってみます」と照れながらも喜んでいました。

●考察と介入のポイント

　カチッとファイブのように，自分の価値観と向き合うワークでは，しばしば子どもたちが抵抗する姿（例えば，Ｂさんのようにはっきりとやりたくないと言う，そもそも記入しないなど）を目にします。また，価値観が醸成されていない子どもは，何を書いていいのかわからないと言ったり，大事にしていることを１つ以上書くことができなかったりします。どんなテーマからも少なからず価値観が垣間見れるため，無理に最初のテーマにこだわらず書

きやすいテーマ（例えば好きな食べ物，アニメ，ゲームなど）に変更するなどの対応が必要であると考えられます。また，カチッとファイブでは，ただ単に価値観を羅列することが目的ではなく，それを振り返ることでどういう自分でありたいかを内省することが目的であるため，Th 側も受動的に聴くを使って「なぜその価値観を大切にしているのか」を本人に深く考えてもらうことが大切になります。

第5回：新しい行動の学習

●生徒の様子

　最初にロールプレイ場面で私メッセージの練習をしたところ，上手くできていたため，今度は実際にあったトラブル場面で練習してみると，「んー……？　どういえばいいんだっけ……？」と困った様子が見られました。そこで Th が＜そのとき B 君はどんなことを考えていた？＞と尋ねると，「俺の話を聞いてくれって思ってた」と答えたため，＜話を聞いてもらえたらどんな気持ちになりそう？＞と再度尋ねると，「多分，落ち着ける」と答えました。この時点でも，私メッセージを自分だけでつくるのはまだ難しかった様子が見られたため，＜じゃあ，B 君はまず"自分の話を伝えたい"んだよね。なぜなら，"聞いてもらって落ち着きたいから"。合ってるかな？＞とこちらで私メッセージを一度つくって見せると，「あぁ〜。なるほど」と理解した様子が見られました。その後いろいろな場面で私メッセージを伝える練習をし，時折あなたメッセージ（命令的な伝え方：私はあなたに離れてほしい，など）になることもありましたが，私メッセージのつくり方のコツを掴んだ様子が見られました。

●考察と介入のポイント

　B さんはしばしばあなたメッセージ（あなたに〜して欲しい）を伝えがちで，私メッセージをつくることに苦戦していました。あなたメッセージでは，

相手が命令されているように感じてしまうこと，Ｂさん自身の気持ちが伝わりにくいことを伝えると，「確かに命令されるとむかつきます」と納得した様子がみられました。「あなたに〜してほしい」という表現から，「私は〜したい」という表現に変換する作業については，Th 側が意識して支援した部分であり，Ｂさんの他責的な思考を修正していくために必要な作業であったと考えられます。

第６回：新しい行動の定着

●生徒の様子

　気持ちのモニター表では，夏休みに行くキャンプで小学生の対応をしなければいけないことを不安に思っていたようですが，アンガーマネジメントで学んだことを使ったら大分不安がなくなったことを話してくれました。ブレインストーミングでは，"授業中にタイムアウトしようとすると，先生が怒る"という実際にあったトラブル場面をＢさんが提案しました。自分と先生側の意見と理由（自分：タイムアウトしたい。落ち着きたいから／先生：授業を聞いてほしい。そういうルールだから）を考えてもらいましたが，いざ解決策を出そうとすると，「わかんない……」と困った様子がみられました。そこで Th 側が＜先生はＢ君がいなくなると心配になるのかもね＞と先生の意見の理由を別の視点から伝え直し，＜教室の端っこの方にしきりとかタイムアウトの場所をつくってもらう＞とアイディアを伝えると，「あぁ〜いいっすね！　あ，じゃあ，授業中に落ち着けなかったらリフレッシュしたいのでって言ってみる。あとちゃんと話を聞いてくれる先生のときに相談してみる。聞いてくれなかったときはなっとくのりくつとかストレスマネジメントで我慢してみる」とアイディアをどんどんと出すことができました。プログラムが終わると，「意外と（アイディア）出るもんですね」と驚きながらも満足したような表情で話していました。

●考察と介入のポイント

　ブレインストーミングで解決策が出てこなかったのは，先生側の意見と理由がはっきりしていなかったのも理由の一つであったかもしれません。先生側の意見の理由を伝えたことで，お互いの折り合いをつけたアイディアを考えるきっかけになったかもしれません。また，自力で解決策が思い浮かばない場合は，支援者側が先にアイディアの例を出すことで，連鎖的にアイディアを出すことができるようになることもあります。

活動を通しての変化

　謹慎明けの面接では，「自分のやりたいことが見えてきて楽しい。友達もできたし，学校に行くのが楽しみになってきた」と話し，学校でも気持ちは落ち着いているようで，「過ごしやすい」と話していました。担任の先生が席を一番後ろにしてタイムアウトしやすいようにしてくれたり，自分からもタイムアウトしたいときに気持ちを伝えることができるようになってきていたり，アンガーマネジメントで学んだことを上手く活用しているようで，「イライラしてきたらストレスマネジメントをする，クラスメイトから少し離れる，他に集中できるものに打ち込んでいる」とのことでした。学校行事でも役割をもたせてもらったことでやりがいを感じて，学校生活での楽しさを見出しているように感じられました。＜最近は怒りで爆発することはある？＞と尋ねると，「ん〜今でもむかつくことあってキレちゃうこともあるんですけど，前よりは結構減りました」と落ち着いて話している姿が印象的でした。

（大森　良平）

小学生事例 | 小グループに対する アンガーマネジメントの事例紹介

　私立大学の相談室で実施した小学生のアンガーマネジメントグループの活動を事例とし，児童の様子やスタッフの介入のポイントについてまとめました。グループで行うことのメリットは，その場で子どもたちがスキルを活用する機会が多くあることです。アンガーマネジメントのグループ活動中は，ロールプレイや話し合い，休み時間の自由遊びなども取り入れるため，活動中にはさまざまなトラブルが起こります。その体験が子どもたちにとって次につながる学びとなるのか，こんなこと学んだって結局は使えないじゃないかと思うのか，スタッフのファシリテーションにかかっています。そのため，グループ活動ではスキルを教えるだけではなく，子どもたちの心に寄り添いながらその場で生じていることを解決できたという体験につなげていくことが，日常への般化に大切です。以下の事例では，アンガーマネジメントの5課程が進むにつれて，子どもたちにどのような変化が生じてくるか，そのときにスタッフがどのように介入したらよいかを紹介していきます。

見立てとプログラムの設定

●参加児童の見立て

　アンガーマネジメントは，小学校4年生以上のグループを基本としています。視野を広げたり，相手の立場で考えるなどができるメタ認知力が必要だからです。尚，小学校3年生の場合でもインテークによってグループ活動が可能と判断された場合は，参加しています。このグループでは，事前に，親子同席でのインテーク面接を行い，小学校3年生から6年生までの児童5名

がグループに参加しました。表3がメンバーの特性です。

表3　参加児童の概要

児童	主訴
Aさん 小6 男児	ADHD傾向。学校で，ルールを守れず，カッとなると暴言や暴力があり，教室で適応できず飛び出してしまうことがある。じっとしていることが苦手で，自分の興味関心で動くことが多い。
Bさん 小6 男児	ＡＤＤ傾向。学校で言葉がうまく出ず，手が出てしまう。友達と仲よくしたい気持ちはあるが，相手の状況に気づかずトラブルになることがある。
Cさん 小4 女児	規範意識が強く，学校ではできないことや言いたいことが言えなかったときに，泣いてしまい切り替えに時間がかかる。家庭では，弟にちょっかいを出されると，暴言が出る。
Dさん 小3 男児	やりたくないことがあったり，注意されたりすると，突然叫んだり暴れたりする。トラブルについては振り返ることができず，無表情，無反応になる。
Eさん 小3 男児	ASD傾向。相手が間違ったり，自分と違う意見であるときに，強い言い方で非難してトラブルになる。いろいろなことについて話すが，周りが見えていないことがある。

●プログラムの構成と進め方

　活動は，月2回・1回90分を全8回行いました。プログラム内容は，アンガーマネジメントDプログラムを基に作成してあります（表4）。毎回，活動の始めと終わりに「気持ちのモニター」といって，今の気持ちを10個の表情から選んで，その理由を書き，「振り返りシート」に今日の活動を振り返る，文字化する作業を行います。指導者は，全体を進めるメインスタッフ1名（以下メイン）と，児童に個別に介入するサブスタッフ2，3名（以下サブ）で実施しました。活動後には，保護者へ今日の活動の内容や子どもたちの様子を，担当したスタッフが伝える時間をとりました。保護者フィードバックの間は，子どもたちはサブと自由遊びで箱庭やゲーム等をします。

表4　各回の活動内容

回	課程	テーマ	内容
第1回	オリエンテーション	アンガーマネジメントを知ろう	・アンガーとは何かを理解する ・これから何を学ぶかを理解する ・自分が困っていることを伝えあう
第2回	第1課程	気持ちを落ち着かせる方法を学ぼう	・自分の行動と気持ちの関係を「気持ちの温度計」で理解する ・「ストレスマネジメント」を学ぶ ・ロールプレイをして，カッとなった場面で自分が落ち着くストレスマネジメントを使う
第3回	第2課程	見通しを立てよう	・「やりたいこと」と「やらないといけないこと」の折り合いのつけ方を2つ学ぶ 　①「見通しを立てる」方法を学ぶ 　②「なっとくのりくつ」を学ぶ ・ロールプレイで折り合いをつける
第4回	第3課程	自分らしさを見つけよう	・自分の特徴（発達の偏りや，気持ち，考え方のくせ等）を2つの方法で理解する 　①質問紙 　②自分が大切にしているものを考える 　　「カチッとファイブ」 ・「受動的に聴く」方法を学ぶ ・ロールプレイで受動的に聴いてみる
第5回	第4・5課程	自分の気持ちを伝えよう	・相手を傷つけないで自分の気持ちを伝える方法を学ぶ「私メッセージ」 ・ロールプレイで「私メッセージ」を使う
第6回		話し合おう①	・自分もOK，相手もOKの結果になる話し合い方を学ぶ ・「話し合いの場」に留まる気持ちを保つために必要なことを学ぶ ・ロールプレイで一緒に解決策を探す練習をしてみる
第7回	フォローアップ	話し合おう②	・言い争いと話し合いの違いを理解する ・対立解消の方法を学ぶ ・ロールプレイで対立解消をしてみる
第8回		今まで学んだことを使おう	・今まで学んだスキルの復習をする ・話し合いをして，お互いが納得する解決策を探す

活動の様子と介入のポイント

第1回：オリエンテーション

　初回はAさんが欠席したため，4人で行いました。自己紹介の後，＜みんなこういうことってある？＞とイラストを見せながらトラブル場面について聞いていくと，Eさんが「すげー全部当てはまる」「俺ね，漫画とか読みながら〜」と話し始めました。メインが，BさんやCさんに向かって＜こういうことある？＞と聞くと，Bさんは「あんまりはしゃぎすぎることはないかな」と答えている途中に，Eさんは「例えば俺はスイミングのときはねー」と遮って答えることがありました。＜大人の言うことに反抗したくなるときはある？＞と聞いたときには，すべての児童が「ある！」と一斉に答え，特に今まで真顔だったEさんの表情が急に明るくなりました。Eさんは「大人の言うことが間違っていていらつくことがある」と語り出し，Cさんも「自分でわかっているから言わないでってなる」と自分の気持ちを語り始めたため，スタッフはそれぞれの話を傾聴していきました。一方Bさんは，こういう場面はあると主張はしていましたが，サブが個別で声かけをしないと積極的に発言することはありませんでした。

　気持ちのモニターを書く場面では，Dさんが真顔で消しゴムを倒していました。どうやら気持ちを書くことが難しいようです。

> | サ　ブ | 『今の気持ちってどれだろう？』 |
> |---|---|
> | Dさん | 「……」 |
> | サ　ブ | 『今日来る前は，何かあったかな？』 |
> | Dさん | 「今日？　何もない」 |
> | Eさん | 「確かにいきなりこういうこと言われても俺も昔は書けなかったなあ」 |
> | Dさん | 「あんまり考えないよね」 |
> | サ　ブ | 『考えないか，確かにねー。だからため込んじゃったりして後になって， |

> わかったりするのかもね。じゃあ，今は，特に何もなかったら普通と
> かにしておこうか。普通の表情どれだろう？』

　その後，Dさんは，普通の表情をサブスタッフと一緒に探して，「適当で
いいやー」と言いながらも，表情を選びました。

Cさん以外の児童は，気持ちが言葉にならないようです。どういった言
葉がけをするとよいでしょうか？

　スタッフミーティングでは以下のような話が出ました。

・Aさんの支援：初回が欠席だったため，次回の行動予測をしておく。
・Bさんの支援：気持ちだけではなく，何をしたいかや考え等の言語化に時間
　がかかるため，スタッフがそばにつき本人のつぶやきや考えをひろう。
・Dさんの支援：自分のことを考える場面だと動きも言葉も止まりがち。せか
　さず，選択肢や本人の困り感を代弁する関わりを行うことにする。
・Eさんの支援：すぐに話しだすので，話したいことを先に整理してもらうた
　め，紙を渡して絵や文字で自分の考えをまとめる。また，視野を広げるため
　に周りの状況がどうなっているか気づかせるための声かけを行う。

第2回：第1課程　安心な場をつくる

●開始直後の出来事

　前回欠席したAさんが自己紹介を求められると，名前を名乗った後，笑い
ながら「はい，さようなら」と言って教室から出て行ってしまいました。B
さん「さようならはだめだぞ〜」，Dさん「さよならしたら罰金10万円〜」
と周囲の児童が反応しDさんはAさんを追いかけに行こうとします。

Aさんはなぜ「さようなら」と言ったのでしょうか。安心して戻ってくるためにはBさん、Dさんの言葉をAさんにどう翻訳するといいでしょう？　また、Aさんの行動の意味を他児にどう伝えるとよいでしょう？

　この場面では、スタッフのチーム連携が必要です。Aさんが自分で戻ってくるための支援をするスタッフと、他児がAさんを理解するための支援をするスタッフに素早く分かれます。メインがグループを受け止め、Aさん担当のサブが廊下にゆっくりと行きます。追い掛けるとAさんは不安がって逃げてしまう可能性があるためです。

> メイン　『（Dさんに対して）追いかけなくて大丈夫だよ』
> 　　　　　『（全員に対して）今日初めてだったから緊張したのかな』

とAさんの気持ちを代弁します。

> Eさん　「でもさっきの変でしょ」
> メイン　『びっくりした？　あれがAさんなりの挨拶みたいなんだよね（全員の反応を見ると、えー？　という表情をしています）。Aさんも、やっちゃったぜって思ってるかもね。きっと、入ってくるタイミングを計ってると思うんだ。だから、みんなが気にしすぎると余計入りにくくなる。ドアを開けといてくれるとAさんが廊下からみんなの様子見ることができると思うよ』（具体的な行動を伝えます）

　その後、Aさんはすぐ戻ってきました。

●子どものタイプ別の反応への対応

　第1課程は、自分がどういう刺激のときに、どんな行動をするかのパターンを理解し、その場面で行うストレスマネジメントを増やすのが活動の目的です。真面目にじっくり取り組むタイプのBさんとCさんは、メインの話を熱心に聞き、自分の行動パターンについて応えていました。一方で、Aさん

はスタッフの話を聞いてはいますが，「撃ち殺す」「人間だったら殴る」など攻撃的な発言を続けていました。それを聞いてＥさんは混乱しています。

メイン	『みんなはどんな方法で気持ちを落ち着けたりする？』
Ａさん	「相手が人間の場合だったら殴る」
Ｃさん	「それはだめでしょ」
Ｅさん	「えーっ？」（ときょろきょろ落ち着かなくなりました）

攻撃的な発言には，つい否定や注意をしたくなりますが，そうすると，本人が本当の気持ちや欲求に目を向けることができなくなってしまいます。Ａさんにどういった声かけをすればよいでしょうか？

　このような攻撃的な発言は「不適応行動」とみなされ，「その行動はよくない」と個別に注意をして発言を抑えようとしがちですが，アンガーマネジメントでは，行動の背景にある気持ちに注目をします。特に，グループで行う場合は，他の児童にとっても学びになるよう介入していく必要があります。そこで，Ａさんの発言を全体で取り上げることで，他の児童も目に見える行動の背景にある気持ちや欲求を考えるきっかけをつくるようにしました。

メイン	『よっぽどイライラしてるんだね』（気持ちを受け止めます）
	『殴ったら相手はどんな反応してきた？』（行動の背景を聞きます）
Ａさん	「向こうが言ってきて，それで殴って，殴り返されて，蹴ったり，でけんか」
メイン	『そうか〜。で，その後どうなった？』
Ａさん	「先生が来て怒られて〜」
メイン	『ってことは，Ａさんはやられたのに最後はどうなるの？』
Ａさん	「つかまる」
メイン	『そうだよね。本当は何したかったの？』（本当の欲求を聞きます）
Ａさん	「んーとりあえずけんか」

この段階ではＡさんは，こちらの質問には答えてくれますが，自分の本当の気持ちや欲求を聞くとはぐらかしてしまう状態でした。

　Ｄさんは，気持ちのモニターで選択肢を与えると「普通系」と答えて表情を選択することはできましたが，自分のマイナスの出来事を振り返る場面になると無言になって，鉛筆をコロコロしていました。

> Ｄさんは，気持ちが動くことが不安なようです。安心して活動に参加するためには，どのような声かけをすればよいでしょうか？

> | サ　ブ | 『鉛筆コロコロしてるね』（行動を言葉にします） |
> | --- | --- |
> | | 『嫌なことを考えること自体が嫌かな』（気持ちを代弁します） |
> | Ｄさん | 「……」 |
> | サ　ブ | 『まずはそこがわかれば OK だよ』（活動のゴールを伝えます） |
> | Ｄさん | 「（しばらくして）学校が……ちょっとめんどくさい」 |

　Ｄさんは，嫌なことをぽつぽつと話しました。衝動行動の後に，先生たちからいろいろ聞かれるようですが，上手く話せなくて嫌な気持ちだけが残っていたようです。どうやら，何を聞かれているのか，どう答えたらいいのかがよくわからなかったようです。その後のロールプレイでは，スタッフが目的とお手本を見せて「型」を示すようにすると，取り組んでいました。

　Ｅさんは，メインが隣のＤさんに問いかけた質問に対して「それはね～」と答えて話を遮ってしまうことがよくありました。Ｄさんは，黙っていることが多いため，Ｅさんが言いたくなるのもわかります。

> Ｅさんが自分の行動に気づき，Ｄさんと一緒に活動ができるようにするための声かけを考えてみましょう。

> | サ　ブ | 『今，先生（メインスタッフ）は誰と話している？（と言って，ＥさんにＤさんを見てもらう）……そう，Ｄさんと話しているね。Ｄさん |
> | --- | --- |

の番なのに，Eさんが自分のこと言いたくなっちゃうのはなぜだろう？』（欲求を明確化します）

Eさん　「んー。その話を続けたくなる」

サ　ブ　『続けるとどうなるの？』

Eさん　「その楽しい話を終わらせないようにする。盛り上げたい」

サ　ブ　『そうなんだ。で，楽しくなりすぎて周りから怒られちゃったり？』

Eさん　「うん，ある」

サ　ブ　『そっかあ。じゃあ，話したくなったときストレスマネジメントで何かできそうなことあるかな？』（適切な行動を一緒に考えます）

Eさん　「深呼吸」

Dさん　「心の中で言えばいい」（と隣でつぶやく）。

Eさん　「そっか，心の中で言いたいことを言って，そこで止めて深呼吸する」

サ　ブ　『うん，いいかもね。Dさん，いいアイディアをありがとう』

図8　メインはあくまで活動を進行しながら，サブがEさんに介入していきます

122

　3回目くらいになると，子どもたちも場に馴れてきて日常の行動が現れるようになります。気持ちのモニターを記入する際に，Ｅさんは余白に落書きをし，Ｄさんがそれをおもしろそうに見ていました。そこで，サブが＜Ｅさん。お絵描きはやめて，今やることに切り替えられるかな＞と声をかけ，＜Ｄさんは気になっても自分のことに集中してみよう＞と注意したことで，Ｄさんはすーっと無表情になり，固まってしまいました。

　Ｄさんの行動の背景を見立ててみましょう。Ｄさんの楽しい気持ちが一気に下がらずに，元の活動に戻すにはどのような声かけがよいでしょう？　また，これまで「普通」が好きで，逸脱行動は「ダメ」と言っていたＤさんがＥさんに興味をもったのは，どんな気持ちが芽生えて来たからでしょうか？

　別のサブが代わり，Ｄさんに声かけをしました。

サ　ブ　『Ｅさんの絵がおもしろいなって思って気になっちゃたかな？』（気持ちを受け止めます）

　　　　『Ｄさんは今日は普通系ですか，イライラ系ですか，楽しい系ですか？』（考えやすいように選択肢を与える）

Ｄさん　「普通系」

サ　ブ　『そっかぁ，じゃあおだやかな感じかな』

Ｄさん　「（頷くが数秒経って）ちょっと怒っちゃったけど……」

サ　ブ　『ちょっと怒っちゃった？　それは，ここに来る前？』

Ｄさん　「来る前。ちょっと……なんかあった（苦笑いしながら）」

サ　ブ　『ふむふむ。そのときはどんな顔だったの？』（出来事より，気持ちに焦点を当てます）

Ｄさん　「これ」（一番怒っている表情を指さす）

　Dさんは，ネガティブな気持ちを語ることができ，その後の活動でも少し
ずつスタッフに自分のことを伝えてくることが増えました。

　また発言することが少なかったBさんも，少しずつ自分の困り感を伝えて
くるようになりました。ワークの開始時に，前回学んだことが日常で使えて
いたかを全員に問いかけた場面です。

　見通しを立てることについて説明すると，BさんやDさんは「あまり見通
し立ててないかも」Cさんは「見通しを悪いほうに立てすぎてしんどくなる
ときがある」Eさんは「見通しを立てられるときと立てられないときがあ
る」Aさんは「俺は見通しは立てているけれど，怒られるのわかってて続け

る」など，さまざまな意見が交わされるようになりました。Eさんは話過ぎるときはありますが，サブが＜今は誰が話す時間？＞と本人が気づけるような声かけをすると「あっ」と言って調整するようになりました。

　一方で，Aさんはなかなか活動に集中できない状態が続いていました。ルールをきっちり守るCさんが話しているときに「ごっつあんです」と突然言ってみたり，ファイルを盾にして寝るふりをしたり，誰かが話しているときに咳払いをしたりするなど落ち着かない行動が続きます。何らかの感情が生じていて，見てほしいというサインなのだと思うので，何をしたいのかメインが欲求を聞くのですが，注目されると「いや，別に」と引いてしまう状況が続きました。Aさんは，マイナス行動を発信することで注目を集めようとするタイプのようです（第2章72・73頁を参照）。このタイプの場合は，マイナス行動に対応するのではなく，Aさんが興味をもって自分から活動に参加できるように集団の活動を工夫することが大切になります。

第4回：第3課程

　この回はEさんが欠席でした。Aさん以外の児童は，活動の中で自分の特性について自己理解を深めたり，自分が大切にしたいこと，困っていること，どうなりたいかについて語り始めました。一方で，Aさんは，他の児童が内省し始めると，顔をその児童に近づけたり，どこか落ち着きません。自分がこれからどうなりたいか，何をしたいのか考える際にもAさんはなかなか進めることができませんでした。そこで，＜ここは自分が何をしたいか考える場所なんだよ。自分とちゃんと向き合ってみようよ＞と伝えると，「いや，そう言われてもなー……，あんまり見つけられない」と戸惑う様子が見られました。Aさんの課題は，自分の本当の欲求に耳を傾け，気づき，自己理解をしていくことのようです。

　そんな中，AさんとDさんがロールプレイ中にトラブルが起きました。自分の困っていることについてたどたどしくはありますが説明しているDさん

に対して，Aさんは「何言っているかさっぱりわからなーい」と言って，Dさんを黙らせてしまいました。また，二人組でのロールプレイでもDさんが黙り込んでしまった場面でAさんはイライラし始めました。サブが介入するとAさんは「そっちがしゃべろうとしないからじゃん」とDさんの劣等感をあおってしまったため，Dさんの表情がさーっと暗くなり，Aさんを蹴り始めたのです。

> トラブルは，成長のチャンスです。否定されて興奮状態になっているDさん，そしてその引き金を引いたAさんにそれぞれどのような声かけをすればよいでしょうか？

　Dさんがこの状態になると，納得いくまで激しい攻撃が続くことがわかっています。しかし，全体の中で対応するとAさんもDさんもプライドが傷つきますし，見ている他の児童らの不安も煽ってしまいます。他の児童の学びの環境は確保した上で，AさんとDさんに安全に介入する必要がありますが，サブ1名だけでは対応が困難なことが予想されたため，メインとサブがDさんとAさんのトラブルに介入し，他の児童たちには別のサブが中心となって活動を続けてもらうことにしました。

図9　トラブル時の対応①

る」など，さまざまな意見が交わされるようになりました。Ｅさんは話過ぎるときはありますが，サブが＜今は誰が話す時間？＞と本人が気づけるような声かけをすると「あっ」と言って調整するようになりました。

　一方で，Ａさんはなかなか活動に集中できない状態が続いていました。ルールをきっちり守るＣさんが話しているときに「ごっつあんです」と突然言ってみたり，ファイルを盾にして寝るふりをしたり，誰かが話しているときに咳払いをしたりするなど落ち着かない行動が続きます。何らかの感情が生じていて，見てほしいというサインなのだと思うので，何をしたいのかメインが欲求を聞くのですが，注目されると「いや，別に」と引いてしまう状況が続きました。Ａさんは，マイナス行動を発信することで注目を集めようとするタイプのようです（第２章72・73頁を参照）。このタイプの場合は，マイナス行動に対応するのではなく，Ａさんが興味をもって自分から活動に参加できるように集団の活動を工夫することが大切になります。

第4回：第3課程

　この回はＥさんが欠席でした。Ａさん以外の児童は，活動の中で自分の特性について自己理解を深めたり，自分が大切にしたいこと，困っていること，どうなりたいかについて語り始めました。一方で，Ａさんは，他の児童が内省し始めると，顔をその児童に近づけたり，どこか落ち着きません。自分がこれからどうなりたいか，何をしたいのか考える際にもＡさんはなかなか進めることができませんでした。そこで，＜ここは自分が何をしたいか考える場所なんだよ。自分とちゃんと向き合ってみようよ＞と伝えると，「いや，そう言われてもなー……，あんまり見つけられない」と戸惑う様子が見られました。Ａさんの課題は，自分の本当の欲求に耳を傾け，気づき，自己理解をしていくことのようです。

　そんな中，ＡさんとＤさんがロールプレイ中にトラブルが起きました。自分の困っていることについてたどたどしくはありますが説明しているＤさん

に対して，Ａさんは「何言っているかさっぱりわからなーい」と言って，Ｄさんを黙らせてしまいました。また，二人組でのロールプレイでもＤさんが黙り込んでしまった場面でＡさんはイライラし始めました。サブが介入するとＡさんは「そっちがしゃべろうとしないからじゃん」とＤさんの劣等感をあおってしまったため，Ｄさんの表情がさーっと暗くなり，Ａさんを蹴り始めたのです。

> トラブルは，成長のチャンスです。否定されて興奮状態になっているＤさん，そしてその引き金を引いたＡさんにそれぞれどのような声かけをすればよいでしょうか？

　Ｄさんがこの状態になると，納得いくまで激しい攻撃が続くことがわかっています。しかし，全体の中で対応するとＡさんもＤさんもプライドが傷つきますし，見ている他の児童らの不安も煽ってしまいます。他の児童の学びの環境は確保した上で，ＡさんとＤさんに安全に介入する必要がありますが，サブ１名だけでは対応が困難なことが予想されたため，メインとサブがＤさんとＡさんのトラブルに介入し，他の児童たちには別のサブが中心となって活動を続けてもらうことにしました。

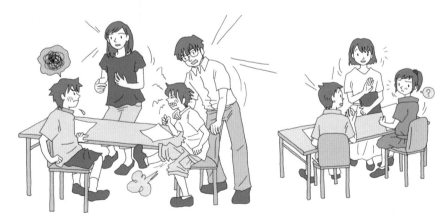

図９　トラブル時の対応①

| メイン | 『Dさん，椅子に座りましょう。なんか嫌なことがあったんだよね。伝えてごらん？　はい，深呼吸。それをやるためにここに来てるんだよ』 |

Dさんの気持ちを受け止め，一緒に深呼吸をしながらストレスマネジメントを促します。Dさんは無言のまま，立ってAさんとDさんが使っている机の脚を蹴っています。だんだんと蹴りが大きくなってきました。

サブ	『はい，安全のために触るよー』（と言い，Dさんを椅子に座らせようとします）
Dさん	（椅子には座ったものの，Aさんの方に蹴りを入れ続けています）
メイン	『Aさん，今までのやりとりの中であなたの何かがDさんをこうさせました。何があったと思いますか？』（Aさんに自分の何が引き金となったかを考えさせる）
Aさん	「ごめん」
メイン	『何に対して，ごめんなんだろう？　今までのやりとりの中で何かがDさんをそうさせました。しっかり考えて』
Dさん	（少し足のばたつきが弱まります）
Aさん	「えっと……。こっちが話してて，そっちが話すときなのに何も言わないから……」
メイン	『そうだよね，じゃあ，Dさんにも聞いてごらん』
Aさん	「うん。……なんで，何も言わなかったの？」
Dさん	（身体をねじって，サブの手を払いのけ立ち上がろうとします）
メイン	『Dさん。身体が言葉よりも先に動いているよ。あなたは，ちゃんと言葉で言えるんだから言葉で伝えてみようよ』
Dさん	（腕を振り回し，座らせようとするサブの手を振り払おうとします）
メイン	『Dさん。スタッフをなぐっても気持ちは収まらないよ。何が嫌だったのかAさんに言ってごらん？　Aさんは，わかろうとしてるよ。はい，深呼吸』

もう一度，一緒に深呼吸をしてみますが，Ｄさんがなかなか落ち着かず，安全に話し合いができないと判断したため，「タイムアウトしよう」「落ち着いてから話すからＡさんも一緒に外に行こう」と言って，メインとＡさんとサブは場所を移してタイムアウトをとることにしました。その間，他の児童へのフォローも必要になります。先にサブがＤさんを連れて廊下へ行き，メインは，部屋を出る前に，動揺している他の児童らが落ち着いて活動に戻れるように以下のように伝え，Ａさんと一緒に部屋を出ました。

| メイン | 『びっくりしたよね。見てのとおりＡさんとＤさんのトラブルはまだちょっと時間がかかりそうです。二人はこれから，それぞれの苦手なことに向き合ってきます。みんなはロールプレイの続きをして戻ってこられるのを待ちましょう』（気持ちを受け止め，状況を説明し，今後どうすればよいか伝えます） |

他の児童へはもう一人のサブが介入しながら進めてもらうことになります。

図10　トラブル時の対応②

　外に出て廊下に座ると，Ｄさんは少し落ち着きました。サブが抑えていなくても大丈夫そうです。Ａさんが廊下行くと，メインがＤさんの気持ちを代

128

弁してＡさんに伝えることにしました。

> メイン 『Ｄさんは，話すのは苦手だけど，今日はがんばって自分の課題を伝
>   えようとしてたんだよね』
> Ｄさん （だまってぎゅーっと膝を抱えています）
> メイン 『それを，「わかりませーん」とか言われて悔しかったんだよね』
> Ａさん （表情がすーっと変わりました）「ほんと，ごめん。オレ，悪かった。
>   オレも何言っていいかわかんなくて，ふざけてた。ほんと，ごめん」

　Ａさんは，とぎれとぎれに伝えながら，心から謝りました。するとＤさん
は突然膝を握りしめていた手を緩めて，Ａさんの方を見ると

> Ｄさん 「あのゲーム，続きこんな風になるんだよ」

と二人が自由遊びのときによくやるゲームの話をし始めました。

> Ａさん 「へー。知らんかった。後でやろう」（二人は意気投合です）
> メイン 『まあ，お互いに誤解が解けたっていうことかな』

　二人が気持ちを伝え合えたことを認めて，部屋に戻ることにしました。サ
ブは，何が起こったのかキョトンとした様子でしたが，「君たちは，すごい
なー」とほめていました。

第5・6回：第4・5課程

　自己理解が深まり，自分の気持ちの伝え方を学ぶと，親とのトラブルがあ
ったときの解決方法を考える場面で，意見の対立が起こりました。グループ
ダイナミクスにも注意して，5名がどのように話し合ったかを見て下さい。

> 一人一人の考え方を尊重しながらも，それぞれが自己主張や，他者理解
> を進められるように，ファシリテーションをしていくことが大切です。

Ａさん	「けんかはおもしろい」
Ｄさん	「それはおかしい」
メイン	『それはおかしいと思う理由は？』
Ｄさん	「お母さんはそれで時間をとられてしまっているから」
Ａさん	「オレはけんか楽しい」
メイン	『うん，君はけんかの時間になって楽しいと思うんだね。Ｄさんは，その時間にお母さんは料理とか洗濯とかできたかもしれない。って考えるから，お母さんにとっては，けんかはおもしろくないんじゃないかって，言う意見だよ。Ａさんはどう思う？』
Ａさん	「気にするな」
メイン	『Ｄさんは，気になるみたいなんだ』
Ｃさん	「けんかは絶対おかしい」
Ａさん	（Ｃさんを遮って）「攻撃＝ストレス発散」
メイン	『なるほどー。攻撃ではなくて，自分のストレス発散のつもりなのかな。皆さん，今日の目的は，受動的に聴くだったよね。この後，どうしていけばいいかな？』
Ａさん	（Ｃさんが話し終わるのを待って）「反論，ストレス発散できる」
メイン	『まあ，それもあるよね。だけどそれをやだって思う人もいる』
Ｂさん	「僕は自分が攻撃したら，あとで相手を傷つけちゃったって落ち込む」
メイン	『そうなるとどうなる？』
Ｂさん	「友達がいなくなっちゃう……」
Ｅさん	「確かに。攻撃するとママがご飯つくってくれなくなるかもしれない」
Ａさん	「いつものことだ。オレは別にいい」
メイン	『そっか。他の人は困ることでも，Ａさんにはあてはまらないみたいだね。そういう風に思う人もいるんだなってこと，みんな理解しておいて。まずは，否定しないで聴いてみよう』

Aさんは，スタッフや他の児童が話しているときに，ふざけたり，落ち着かなかったりする行動がみられます。他の児童も，真面目に取り組めないAさんに対して，どのように関わればいいか困っているようです。

> スタッフが話しているときに「バッカダコ」とAさんが突然発言しました。Aさんの気持ちを受け止めつつ，他の児童の学びとなるためにはどのような声かけをすればよいでしょうか？

| メイン | 『バッカダコ？』 |

受動的に聴きます。やめなさいとは言いません。

メイン	『それで，それなあに？　私はすっごくおもしろいと思っているんだけれど気になるな』（と私メッセージで言ってみます。やりとりを見せながら，他の児童へAさんとの関わり方を説明していきます）
Aさん	「いや，適当に言っただけだし」
メイン	『適当に言っただけなんだー』（とまた受け止めます）
Aさん	（椅子から立ち上がり，壁の隙間に隠れようとします）
メイン	『寂しいなあー。私は一緒にやりたいなあ』（こういうときは逃げるな！　ではなく，寂しいなあと言ってみます）
Aさん	（壁の隙間に身体が入らなくて）「入らない」（と言いながら，スタッフのほうを見る）
メイン	『あっ，Aさんが見てくれた，ありがとう。はい，じゃあみんなは，こっちで活動進めよう。大丈夫，Aさんは追っかけると逃げるけど，待ってたら来るよ』
Aさん	「出れない」（と言いながら椅子に戻ってくる）
メイン	『ほら，戻ってきたでしょ？　こういうときは「ありがとう」だね』
他児童	「ほんとだ……！」

スタッフがAさんの行動に対しての関わり方を見せたり，行動の背景につ

いて説明したりしたことで，他の児童はＡさんに対して，注意するのではなく，私メッセージを使うようになってきました。例えば，ＡさんがＤさんに顔を近づけすぎたときに，Ｄさんは「ちょっと近すぎて怖い」と伝えるようになりました。Ａさんは「近づけすぎて何が悪い！」と言いましたが，行動は止めてくれるようになりました。そこで，サブが＜止めてくれたね＞と認めます。その後，ＤさんはＡさんに対して「ありがとう」と伝えましたが，Ａさんは「知らん」とそっぽを向いてしまいました。

　Ａさんは，学校では怒られることはあっても，感謝されたり，受け止められたりする経験が少なかったため，こういうときにどう反応すればよいかわからず戸惑うようです。Ａさんには＜こういうときは～すればいいんだよ＞と適切な行動を教え，Ａさんの複雑な気持ちについてもスタッフが代弁していくことで，周囲の児童も少しずつＡさんの行動の理解が深まっていきました。また「本やゲーム以外の時間はじっとできないことが多い」など自分の気づきを語る場面が出てきました。

第7・8回：フォローアップ

　第7回・第8回は今まで学んだことを使って，話し合いや対立解消をしていくまとめの段階になります。自分の意見を主張しつつ，相手の意見も受け止め，よりよい解決策を探していくことが目的のセッションです。

　第7回では，話し合いと言い争いの違いを一緒に考えながら，意見が対立した場面で話し合うロールプレイをしました。「休み時間の遊びが分かれた」という場面で，対立している二組の役にそれぞれ分かれて，お互いが納得する方法をブレインストーミングで出してもらうことになりました。すると，お互いの意見を伝える際に，Ａさんが「オレ，ドッジボールがしたい。なぜなら，うざい。殺す殺す殺す……」と言い続けることが起こりました。スタッフが理由を話すよう伝えると，「ボール投げ合うの楽しいじゃん」と理由

は話しますが，その後何かが思い出されるのか「殺す殺す……」と言い続けてしまいます。他の児童は，最初は笑いながらおでこをスイッチのようにして止めようとしたり，私メッセージを使って「ぼくも話したいんだよ」と伝えたりしていましたが，止まらないAさんに対してイライラしてきました。

メイン	『ねえ，遊びたいの？　邪魔したいの？』（Aさんの欲求を明確化します）
Aさん	「……」（殺す殺すという発言は止まる）
メイン	『みんなイライラしているよ』（状況を伝えます）
Aさん	「知らん」
メイン	『「知らん」は，困るな。少なくても君が今やっていることで，みんな嫌な気分になっている』
Aさん	「知るかよ」
メイン	『自分の行動の責任はとってください。みんなイライラしているの。みんなの顔，見てごらん？』
Aさん	「あっそう，わかっている」
メイン	『わかっててやっているの？』
Aさん	「そう，（オレなんか）無視すればいい」
メイン	『それはできません。仲間だから気になっちゃうんだよ』
Aさん	「無視すればいい」
Bさん	「同じ仲間なのに無視できないよ。仲間なのに無視するわけにはいかないでしょ」
Aさん	「……」
メイン	『Aさんは，無視されたいの？』
Aさん	「知らん」
メイン	『みんなは無視したくないんだよ，ねっ？』
他児童	（頷く）
Aさん	「知るか」
メイン	『みんなはAさんのこと無視したくないから待っているし，どれだけ

からかわれたって，あなたのやり方のジョークにみんな乗ってくれている。なんでだかわかる？」

Aさん 「無視すればいい！　それだけ」

メイン 『そうなの？　無視されたくないからやっているように感じたよ』

Aさん 「知らん，どっちでもいい」

メイン 『どっちでもいいのね，じゃあ私たちは無視したくないってことで話し合いに戻ります』

Aさん 「無視すればいいじゃん」

メイン 『私たちは，無視したくないの』

みんなもうなづきます。

Aさん （ややため息まじりに苦笑しながら）「なんでそうなる？」

メイン 『えっ，恥ずかしい？』

Aさん 「（苦笑いしながら）あのねー」（と肩を落とす）

メイン 『Aさんはさ，こういうときの引き際がわかんないんだよね。今は，切り替えられて偉かったね』

　Aさんは，話し合いに参加することはできませんでしたが，自分の気持ちを落ち着けるかのように手元にあった付箋をゆっくり丁寧に破って過ごしていました。しばらくして，少し離れたところでスタッフと箱庭を触りながら，時々他の児童の意見に耳を傾けていました。他の児童は，付箋を使いながら意見を出し合い，解決策をみんなで決めることができました。

　第8回では，今までの復習をしつつ，"みんなで一日遊びに出かけるとしたら"というテーマで，場所や時間，費用など含め具体的に計画を立ててもらいました。パソコンやタブレットも使って調べながらの話し合いということで，児童らも意欲的に取り組んでいました。前回話し合いに参加できなかったAさんも，落ち着きのなさはありますが，暴言などを吐くことはなく，

話し合いに参加しています。意見の対立が起きても，サブが＜今のは話し合い？　言い争い？　どっち？＞と声をかけると，「あっ」と気がついて相手の意見を聞いていました。さまざまなアイディアを出す場面では，言葉で伝えるのが苦手だったDさんが，みんなと違う視点やおもしろい意見をもっていることがわかり，それを他の児童やスタッフが気がつき，＜Dさんはアイディアマンだね＞と認めたことで，積極的に意見を出すようになりました。また，Aさんは，年下のDさんやEさんがタブレットを使いたいと言っていたときに，「じゃあ，やるよ」と貸してあげるなど，Aさんの優しい部分が見られるようになりました。

　みんなで学んだことでルールが共通認識として定着し，そしてお互いの特性を理解し合うようになったことで，安心して話し合いができるようになりました。すべての児童が活動を終えて，「話し合いが楽しかった」と振り返りシートに書いていました。

図11　活動の様子

活動を通しての変化

　活動後，個別に本人と保護者含め，フォローアップ面接を行いました（表5）。Aさん以外の児童は，状況が落ち着いたということで，1期で終結しました。Aさんは継続して2期目も受講し，自分の行動について内省したり振り返ったりすることも徐々にできるようになりました。学校でも本人理解が進むようになったことで，落ち着いて過ごせるようになりました。

表5　フォローアップ面接で語られた児童の変化

Aさん	学んだことを実際に使うことは難しいが，家庭では行動が落ち着き，折り合いがつけられたり，母の前では感情を素直に出したりするようになった。
Bさん	学校では，手が出ることが減り，コントロールできることが増えた。気持ちや考えていることを言葉で表現できるようになり，相手を受け止める言葉も発するようになった。
Cさん	本人とスタッフとのやりとりを参考に，母が本人の話の聞き方を工夫したことで，促しがあれば自分の気持ちや欲求を言葉にできることが増えた。同年齢の子どもの中での関わりにはまだ課題がある。
Dさん	学校では怒ってしまうことはあるが，落ち着くのは早くなり，自分の声を大切にするために叫ぶことはしなくなった。安心できる空間であれば，自分の行動の振り返りができるようになった。
Eさん	学校ではトラブルが激減し，家庭でも親の意見を受け入れてくれるようになった。周りの大人から褒められることが増えたことでがんばることが増えた。

（吉満　美加）

CHAPTER 4

アンガー
マネジメント
プログラムの紹介

1 学級でのアンガーマネージメント Dプログラムの実施方法

第4章では，学級単位でアンガーマネージメントDプログラムをどのように授業に組み込んで実施できるのかを説明していきます。本田（2002, 2007, 2010）や大森・本田（2020）なども参考にしてみてください。

図1　予防用Dプログラムを実践している様子

個別Dプログラムと予防用（集団）Dプログラムの使い分けと留意点

　個別用と予防用の使い分けを表にしてまとめてみました（表１）。個別D
プログラムでは既に日常生活でトラブルが生じている児童生徒に対して，ト
ラブルが起こりやすい場面や相手に対して適切な行動を学ぶために実施され
ます。一方で，予防用Dプログラムでは，個別Dプログラムとは異なり，学
級全体として大きなトラブルは生じていない状況において，これからの学校
生活で起こりうる自分や他者の変化や対応策を予防的に学んでいきます。学
級の中で重大なトラブルが生じている場合は，児童臨床や心理教育に詳しい
スタッフを児童４～５名あたり１名は配置し，学級のアセスメントやプログ
ラム中の迅速な介入ができるようなセーフティネットを用意しておく必要が
あります。実施は主に担任教員と２～４名のTA（ティーチングアシスタン
ト）が担当します。頻度としては週に１回で道徳や総合の時間を用いて全７
回（オリエンテーションを含む）実施されます。

　個別Dプログラムの対象者は，感情調整の困難さや認知の歪み（物事に対
する否定的な考え方），向社会的スキルの不足があることを想定しています
が，予防用Dプログラムの対象者は主にこれらのスキルをある程度習得して
いる中間層の児童生徒になります。

図２　個別Dプログラムを実践している様子

注意点としては，発達障害の児童生徒はクラスの変わり目や大きなイベントがある時にアンガーが生じやすいため，TAによるサポートや別の時間で個別Dプログラムを並行して実施するなどの常在的なサポートが必要となってきます。

表1　個別Dプログラムと予防用Dの使い分け

	個別	予防（集団）
状況と目的	既にトラブルが生じているため，トラブルが起こりやすい場面や相手に対して適切な行動を学ぶ。	トラブルは生じていないため，これから自他に起こりうる行動の予測を行い，対応策を学ぶ。 自分が獲得できている場合は，他者の支援方法を学ぶ。
対象	トラブルが生じやすい児童生徒をタイプ別に，スキルを選んで学習する。 ①「多動で刺激に反応しやすいタイプ」②「こだわりが強いタイプ」③「理解や行動に移すのに時間がかかるタイプ」	基本的なソーシャルスキルが身に付いている中間層の児童生徒を対象に，クラス全体に同様のプログラムを実施する。
実施者	①個別支援担当者②養護教諭③スクールカウンセラー等が個別に実施。	主に担任教員がサブ（他の教員，学生など）と複数で実施。
実施回数	オリエンテーションを含めて9回。 1回15分，週2〜3回	オリエンテーションを含めて7回。 1回45〜50分，週1回ずつ。
ストレスマネジメント（感情）	感情も欲求も未分化のため，まずは興奮・不安，快・不快を安定させるために，ストレスマネジメントでは，①刺激の排除②体の緊張をほぐす，を中心に学習し，毎回練習する。	状況に合わせて感情を調整してはいるが，自分の本当の気持ちは理解できていないため，気持ちのモニターを行い，ストレスマネジメントでは気分転換を中心に学んで，適切な気持ちの表現方法を練習する。
なっとくのりくつ（認知）	規範意識が未発達で，自己中心的または，他者依存的な状況であるため，自分の気持ちや身体を労うものや，周囲のルールを受け入れるための「なっとくのりくつ」を学ぶ。	規範意識は育っているため，自分と異なる考え方や行動パターンの人との欲求の折り合いをつけるための「なっとくのりくつ」を学ぶ。
ソーシャルスキル（行動）	社会性も未発達なため，基本的なソーシャルスキルから学び，仲間と一緒に作業することができるようになってから，高次のソーシャルスキルの「仲間入り」，「仲間の維持」，と段階を追って学習する。「対立解消」は，第三者が支援する。	基本的なソーシャルスキルおよび高次のソーシャルスキルの「仲間入り」は学習できているため，「仲間の維持」の自己表現（私メッセージ），他者理解（受動的な聴き方），話し合いを中心に練習する。

予防用Dプログラムの具体的な進め方

　それでは，学級で予防用Dプログラムを実施する際の進め方について説明していきます。大きく分けると以下のような流れになります。

---

①職員会議にてプログラムの起案を出す

②保護者会にてプログラムの説明

③児童生徒および学級状態の見立てと介入案の作成

④オリエンテーションによるプログラムの見通しと動機づけ

⑤プログラムの実施と介入案の修正

⑥実施後のフォローアップ（尺度の実施，学校生活でのフィードバック）

●職員会議にてプログラムの起案を出す

　まずは職員会議でアンガーマネジメントの内容を説明し，授業時間をどの科目に組み込むかについて同意を得る必要があります。一般的には総合や道徳の時間に組み込まれることが多いです。

●保護者会にてプログラムの説明

　次に保護者会で，「予防用Dプログラムで学ぶ内容」「学んだ結果生じうる子どもの行動の変化」「子どもの変化に対して取ってもらいたい対応」などについて説明します。あるいは学校のホームページにアンガーマネジメントの説明動画を掲載することもできます。なぜこうした説明が必要かというと，プログラムで学んだ内容を子どもたちが日常生活で実践するようになると，プログラムの説明を受けていない周囲の人は子どもたちの行動の変化に戸惑い，叱ったり元の状態に修正しようとしたりしがちだからです。これでは「やってみたけどやっぱり駄目だった」とプログラムの効果は半減してしまいます。プログラムの効果は，プログラムの外での成功体験と肯定的なフィードバックで高まるので，保護者や教員など周囲の人たちは児童生徒の変化

にどのような対応を取るべきかを知っておく必要があるのです。また，もし実践結果を論文や学会発表などで報告する場合は，データの使用を保護者に同意してもらう必要があるので注意が必要です。

●児童生徒および学級状態の見立てと介入案の作成

　保護者へのプログラムの説明と同意が得られたら，次に児童生徒と学級状態の見立てに移ります。個別・予防どちらのプログラムであっても，プログラムを安全に実施するためには，事前にそれぞれの状態を丁寧に見立てる必要があります。特に学級での実践は，４〜５名でのグループ活動があるため，児童生徒一人ひとりの状況だけでなく，グループダイナミクス（集団と個人の行動や考えが相互に影響を与え合うこと）とグループ編成についても考慮しなくてはなりません。表２にグループ編成のタイプと，メリット・デメリットについてまとめたので，参考にしてみてください。

　学級や個人の見立てには心理尺度が役に立ちます。例えばアセス（栗原・井上，2016）という尺度では，個人や学級全体の学校適応感を６つの指標（生活満足感・教師サポート・友人サポート・向社会的スキル・非侵害的関係・学習的適応）で見立てることができます。他には小児ANエゴグラム（赤坂・根津，2013）という尺度では，児童生徒の性格特性を５つの指標（CP：ルールや規範をしっかりと守ろうとする厳しい親の部分，NP：面倒見の良さや他者への優しさを見せる養育的な親の部分，A：物事を理性的に考える大人の部分，AC：周囲に適応しようとする子どもの部分，FC：自由奔放な子どもの部分）からいくつかのパターンに分類することができます。

　児童生徒と学級状態の見立てができたら，支援が必要な児童生徒を中心に介入案やグループ活動用の班編成などを考えていきます。実際にどのように見立てから介入案を作成していくかについては，後ほど実践例をあげながら説明していきます。

表2　グループ編成のタイプ別のメリット・デメリット

グループ	メリット	デメリット
男女別の班	・グループワークへの抵抗が少ない。 ・自己開示の安心感がある。	・異なる性別の相手の考え方や気持ちに触れづらい。 ・騒ぎがちになる。
日常の班	・スキルを日常生活で実践しやすい。 ・席替えなどの手間がない。	・相性の悪い相手とグループワークをする可能性がある。 ・自己開示への不安が生じる。
考え方が似ている班	・グループワークが進展しやすい。 ・自己開示の安心感がある。 ・自己理解につながりやすい。	・自分とは異なる考え方に触れづらい。
考え方が異なる班	・自分とは異なる考え方に気づきやすい。 ・今までとは違う問題解決方法を考え付きやすい。 ・他者理解につながりやすい。	・グループワークが停滞しやすい（要介入）。 ・自己開示への不安が生じる。
個別の支援が必要な児童生徒を集めた班	・サブの人数が少ない場合，まとめて介入しやすい。 ・トラブル場面を共有しやすい。	・課題が多く，その背景も複雑なため，介入が難しい。 ・グループワークが進展しにくい。 ・グループメンバーから肯定的なフィードバックをもらいにくい。

●オリエンテーションによるプログラムの見通しと動機づけ

　初回のオリエンテーションの目的は，Ｄプログラムがどのように進んでくのか見通しを立てること，そしてＤプログラムを受けることへの動機づけを促すことです。例えば，小学校高学年〜中学校の児童生徒にプログラムを実施する場合，思春期に特徴的な心身の変化や環境の変化，そしてそれに伴って生じる可能性のあるトラブルについて説明し，実際に学校で起こっているトラブル場面を出しながら「アンガーマネジメントを使うと，このように問題を解決することができる」とイメージできるように促します。

●プログラムの実施と介入案の修正

　介入案ができたら，いよいよ実践に移ります。なお，本書では紙幅の部合上全体的な進行における注意点に留めておりますので，各ワークの詳しい内

容や介入ポイントについては，アンガーマネージメント研究会（代表：本田恵子）が主催する予防用Ｄプログラムの研修会にご参加して学んでみてください。

　基本的に予防用Ｄプログラムはパワーポイント資料を使って進めていきます。児童生徒用の資料は毎回印刷して渡しますので，リングファイルなどを用意しておくと資料の保管に役立ちます。また，小学校での実践では一度に全ての資料を渡すと，児童がどの資料を見ればいいのか混乱してしまいますので，ワークに取り組む直前に渡すなどの配慮が必要となります。

　実践中はメインとサブ（ＴＡ）に分かれ，メインはプログラムの進行を担当し，全体の動きを把握しながらサブへの指示出し，学級全体の動きを修正していく介入などをしていきます。一方で，サブはメインの進行の補助役とグループの活動の安全を確保するため，児童生徒の活動の調整役となります。児童生徒の活動がうまくいっていないときには，第３章の実践例にもあるように，感情・認知・行動の視点から，それぞれの発達段階がどこまで達成されていて，どこでつまずいているのかを見立てていくことで，介入方針を即座に立てて実践していきます。誤った見立てに基づいた介入をすると，活動がますます停滞してしまうため，介入者は事前にしっかりとプログラムの研修を受ける必要があります。

　各回の終了後には，介入した結果どのような反応があったか，それに対してどう対応すべきだったか，プログラム中の児童生徒の様子などについて情報の共有を行い，事前に立てていた介入案を修正していきます。また，プログラム中の児童生徒の反応やワークシート，感想の内容などから，プログラムの理解度についても確認を行い，不十分な点があればワークシートにコメントをつけたり，次回の冒頭に追加の説明をしたりするとよいでしょう。

●実施後のフォローアップ（尺度の実施，学校生活でのフィードバック）
　プログラムが終了したら，１週間以内に事前でとった尺度を再度取ります。これによりプログラム実施前後での児童生徒や学級全体の変化がわかり，フ

ォローアップの方向性が明確になります。できればプログラム終了後から1カ月後などにもう一度尺度を取ることで，日常生活にどれだけ学んだ内容が般化されているかを確かめることができます。

　冒頭でも述べたように，プログラムの効果は，プログラムの外での成功体験と肯定的なフィードバックで高まります。そのためプログラム中はもちろん，プログラム後の学校生活においても，学んだ内容を実践している児童生徒がいたら「深呼吸したらちょっと落ち着いたみたいだね。上手くストレスマネジメントができたね」「私メッセージを使って先生に気持ちを伝えてくれたね。あなたの気持ちはよくわかったよ」などと肯定的なフィードバックをしてみてください。予防用Dプログラムを受けたとしても最初はアンガーマネジメントの初級者なので，失敗することも多々あります。そうした失敗があっても，挑戦しようとした気持ちは受容的に受け止め，「どこまでできていたか」「次はどうすればうまくいくか」を話し合い，児童生徒が自主的に成長できるように促してみてください。

模擬事例

　では，模擬事例として小学4年生の学級Aを見ていきましょう。なお，職員会議と保護者会の流れは紙幅の都合上割愛させて頂きます。以下の図3・4は事前にとったアセスとエゴグラムの結果になります。皆さんなら事前時点での結果から，この学級をどのように見立てますか？　なお，アセス，エゴグラムともに平均は50となり，アセスでは生活満足感が50以上は青の〇，40-49が緑の〇，30-39がオレンジの◇，30未満が赤の△で表示されます。

　まずは図3で全体的な見立てと介入ポイントを見てください。生活満足感で緑が多いことからは，日常的にモヤモヤしていることがあることがわかります。モヤモヤの背景にあるものが何なのか，児童たちが気づく力やストレスマネジメント，これまでの対処行動の結果とこれからしていきたい対処行動などについて考える必要がありそうです。

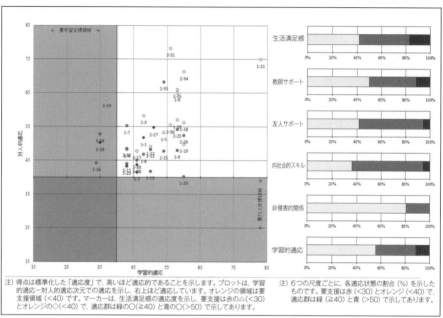

注) 得点は標準化した「適応度」で，高いほど適応的であることを示します。プロットは，学習的適応－対人的適応次元での適応を示し，右上ほど適応しています。オレンジの領域は要支援領域（<40）です。マーカーは，生活満足感の適応度を示し，要支援は赤の△（<30）とオレンジの◇（<40）で，適応群は緑の○（≧40）と青の○（>50）で示してあります。

注) 6つの尺度ごとに，各適応状態の割合（％）を示したものです。要支援は赤（<30）とオレンジ（<40）で，適応群は緑（≧40）と青（>50）で示してあります。

図3　学級Aのアセスの結果（事前）

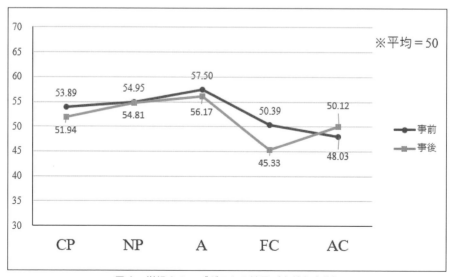

図4　学級Aのエゴグラムの結果（事前と事後）

また，対人的適応の要支援領域にいる児童はおらず，エゴグラムの NP の高さから基本的には相手への思いやりがある児童たちですが，ルールを守ろうと厳しくなりすぎて自分の欲求が抑えがちになり，相手への不満が溜まっている状態のようです。自分の欲求と相手の欲求あるいはルールとの折り合いをつけるための「なっとくのりくつ」をしっかりと学ぶ必要がありそうです。さらに，自分の気持ちや欲求を相手に伝えるときに，命令的な言い方ではなく，相手が理解して受け止められる伝え方として「私メッセージ」の練習が必要なことが分かります。

表3　事前の見立てと介入ポイント

	見立て	介入ポイント
ア セ ス	非侵害的関係を除いて，全体的に緑が30〜40％を占めている。特に生活満足感の約20％がオレンジ，緑も40％ほどいるため，それぞれの指標で不適応とまではいかないが，なんとなくモヤモヤしている児童が多い。	・モヤモヤとした不快な感情の背景にあるものに気づき，対処する力。
	非侵害的関係は80％の児童が青（適応群）であり，学級内のいじめや拒否的・否定的な関わりは少ない。一方で，友人サポート，向社会的スキルの60％以上が緑のため，常に友達への援助ができているわけではないことや，友達との関係をつくるスキルに自信をもちきれていない。	・相手のポジティブな感情だけでなく，ネガティブな感情も受動的に聴く力。 ・困っている友達を積極的に援助するための具体的なスキルとそれを使うための自己効力感。
エ ゴ グ ラ ム	A が最も高く，AC が最も低く，CP も平均よりも高いことから，周りに合わせて行動するというよりは物事を論理的・合理的に考えるために，ルールを守らない相手に対して厳しくなりがち。一方で NP も平均よりは高いため，相手への思いやりや優しさもしっかりと持ち合わせている。	・他者の行動や考え，欲求などを理解し，自分の欲求との折り合いをつける力。 ・自分の気持ちや欲求を相手にわかりやすく伝える力。
行 動 観 察	自分の欲求を抑えてルールを厳格に守り，それに違反した人を強く責めている。	
	全体指示に対する注意が散漫。	・サブがメインの指示を後方からも伝える。 ・注目するときの合図（ベルやハンドサインなど）を用意しておく。
	授業中の発言が多く，発想力豊かなアイデアマンが多い。	・出てきたアイデアをそのままにせず，メインがまとめて全体に伝えなおす。

表4　実践中の出来事と見立ておよび介入ポイント

出来事	見立て	介入ポイント
ネガティブな気持ちを言語化することに時間がかかった。	・ネガティブな気持ちを表出することが，よくないことと思っている？ ・自分の気持ちを同定しきれていない？	・出すことに抵抗がある気持ち（不安）を受け止める。 ・サブが話を聞きながら，感情をネーミングしていく。
お喋りをしてグループワークに取り組まない児童に対して，「ちゃんとやってよ！」などと批判する児童が出てきた。	**・取り組まない児童** ワークのやり方が十分に分かっていない？　ワークに対する抵抗感がある？ **・批判する児童** ワークをきちんと進めたい欲求がある？ 規範を崩す他者に対する強いイライラがある？	・ワークのどこにつまずいているかを確認し，隣について流れと見通しを伝えなおす。 抵抗感がある場合は，気持ちを受け止めたうえで，気持ちを落ち着けるストレスマネジメントやなっとくのりくつを提案する。 ・まずイライラした気持ちを受け止める。その後，「ワークをきちんと進めたいんだね」と欲求を言葉にして伝え返し，その理由を確認し，取り組まない児童に対して「私メッセージ」で伝えるように促す。
休み時間に入ると，プロレスごっこや，身体を小突きあっている様子が見られた。	・プログラムで溜まったストレスやエネルギーを発散したい無意識的な欲求がある？ ・学んだスキルを実践せずに，衝動的に行動している？	・「アンガーが溜まっているね。発散したかったんだね」と欲求を言語化し，「ストレスマネジメントをやってみよう」とスキルの実践を促す。

　最後に実践が終了した直後のデータを見てみましょう（図5）。

　生活満足感と向社会的スキルの青部分が増えていることがわかります。これらのことから，日常生活でのモヤモヤとした不快な感情は少なくなり，友

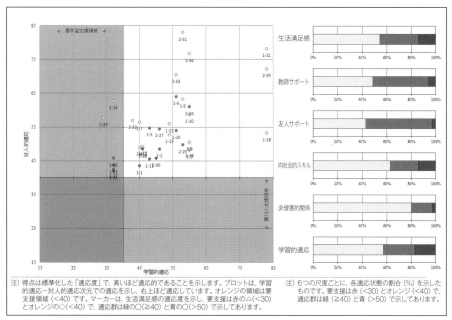

注）得点は標準化した「適応度」で，高いほど適応的であることを示します。プロットは，学習的適応-対人的適応次元での適応を示し，右上ほど適応しています。オレンジの領域は要支援領域（<40）です。マーカーは，生活満足感の適応度を示し，要支援は赤の△（<30）とオレンジの◇（<40）で，適応群は緑の○（≧40）と青の○（>50）で示してあります。

注）6つの尺度ごとに，各適応状態の割合（%）を示したものです。要支援は赤（<30）とオレンジ（<40）で，適応群は緑（≧40）と青（>50）で示してあります。

図5 学級Aのアセスの結果（事後）

人への援助や関係を維持するスキルが身に付いたことがわかります。ただし，友人サポートに顕著な変化がみられないことからは，そうした向社会的スキルが学級で十分に実践されておらず，向社会的スキルを使いたいという意識上の変化に留まっている可能性が考えられます。児童たちが学んだスキルを使えそうな場面があれば，周囲の大人がスキルを使うことを促していく必要があるかもしれません。

　また，エゴグラムではFCが顕著に減ってACがやや増えていることから，周りを気にせず自由奔放だった性格が，周りと協調しようと意識するようになったことがうかがえます。元来のCPやAの高さから，向社会的スキルを使うことが義務的（使わない人を責める）にならないように注意する必要はありますが，日々の生活でスキルを実践している姿が見られたら，肯定的なフィードバックを伝えていくことが大事です。

（大森　良平）

参考文献

・Candelaria, A. M., Fedewa, A. L., Ahn, S. (2012) The effects of anger management on children's social and emotional outcomes : A meta-analysis. School Psychology International, *33*（6）, 596-614.

・Ho, B. P. V., Carter, M., & Stephenson, J. (2010) Anger management using a cognitive-behavioural approach for children with special education needs : A literature review and meta-analysis. International Journal of Disability, Development and Education, *57*（3）, 245-265.

・本田恵子（2002）発達障害のある子が教室で落ち着かなくなったとき―「アンガーマネージメント」の個別対応プログラムを使って. 月刊学校教育相談, *16*（13）, 38-42.

・本田恵子（2008）アンガーマネージメントの考え方と進め方. 刑政, *119*（5）, 46-57.

・本田恵子（2016）発達障がい児に対する課題解決スキルの分類プログラム開発. 科学研究費補助金（基研究 C）研究成果報告書

・本田恵子・高野光司（2014）キレにくい子を育てる―アンガーマネージメント―. 児童心理, *68*（16）, 76-81.

・井芝満喜子（2019）教師が変われば子どもが変わる―アンガーマネジメントの取り組みを通して―. 月刊学校教育相談, *33*（7）, 8-12.

・一志恵美子（2016）アンガーマネジメントと出会い, 実践してみて. 月刊学校教育相談, *30*（8）, 15-18.

・加藤十八（2006）ゼロトレランス―規範意識をどう育てるか, 学事出版株式会社

・Miranda, A. & Presentación, M. J. (2000) Efficacy of cognitive-behavioral therapy in the treatment of children with adhd, with and without aggressiveness. Psychology in the Schools, *37*（2）, 169-182.

・Novaco, R. W. (1975) Anger Control : The development and evaluation of an experimental treatment. Lexington, MA : D.C. Health.

・Sofronoff. K., Attwood. T., Hinton. S., & Levin. I. (2007) A randomized controlled trial of a cognitive behavioural Intervention for anger management in children diagnosed with asperger syndrome. Journal of Autism and Developmental Disorders, *37*, 1203-1214.

・Sukhodolsky, D. G., Kassinove, H., & Gorman, B. S. (2004) Cognitive-behavioural therapy for anger in children and adolescents : A meta-analysis. Aggression and Violent Behavior, *9*（3）, 247-269.

・Williams, E., & Barlow, R. (1998) Anger control training. UK : Speechmark Publishing.

・壁屋康洋・下里誠二・黒田治（監訳）（2012）軽装版 アンガーコントロールトレーニング―怒りを上手に抑えるためのステップガイド―. 星和書店

・本田恵子（2014）先生のためのアンガーマネージメント―対応が難しい児童・生徒に巻き込まれないために―，ほんの森出版

・本田恵子（2020）SST カード new，クリエーションアカデミー

・本田恵子（2014）アンガーマネージメント D プログラム（個別用），しろくまデザイン

・内田伸子（2008）最新心理学事典，平凡社

・ADHD の診断・治療指針に関する研究会　齊藤万比古 編（2016）注意欠如・多動症―ADHD ―の診断・治療ガイドライン 第4版，じほう

・Biederman J ら（2009）Do stimulants protect against psychiatric disorders in youth with ADHD? A 10year follow-up study. Pediatrics *12*（1）

・赤坂徹・根津進（2013）小児 AN エゴグラム解説（改訂版），千葉テストセンター

・栗原慎二・井上弥（2016）アセス（学級全体と児童生徒個人のアセスメントソフト）の使い方・活かし方（第4版），ほんの森出版

・本田恵子（2002）キレやすい子の理解と対応―学校でのアンガーマネージメント・プログラム，ほんの森出版

・本田恵子（2007）キレやすい子へのソーシャルスキル教育―教室でできるワーク集と実践例，ほんの森出版

・本田恵子（2010）キレやすい子へのアンガーマネージメント―段階を追った個別指導のためのワークとタイプ別事例集，ほんの森出版

・大森良平・本田恵子（2020）小学校における予防的心理教育としてのアンガーマネージメント D プログラムの理論的枠組み．早稲田大学大学院教育学研究科紀要，*27*（2）137-148.

※アンガーマネージメントプログラムを実践・より詳しく知りたい場合は，アンガーマネージメント協会の研修を受講の上，教材をご購入下さい。

【編著者紹介】

本田　恵子（ほんだ　けいこ）

早稲田大学教育学部教授。早稲田大学教育学部教授（ED.D）中高の教員経験後，コロンビア大学大学院にてカウンセリング心理学博士号取得。専門は学校心理学，特別支援教育，矯正教育。子どもの課題を包括的に見立て，学校，地域，家庭をつなぐ包括的スクールカウンセリングを実践している。

【著者紹介】

大森　良平（おおもり　りょうへい）

早稲田大学教育学研究科。埼玉県生まれ。2019年より早稲田大学大学院教育学研究科博士後期課程に在籍しアンガーマネジメントの実践・研究に取り組む。臨床心理士・公認心理師として精神科クリニックに勤務。

吉満　美加（よしみつ　みか）

早稲田大学教育総合クリニック・区SC。早稲田大学教育学研究科卒業。現在は，スクールカウンセラー・教育総合クリニックの相談員として勤務している。公認心理師・臨床発達心理士。

〔執筆協力〕

米山　明　全国療育相談センター　児童精神科　副センター長

〔本文・表紙イラスト〕横　春賀

特別支援教育サポートBOOKS
発達障害のある子のためのアンガーマネジメント

2021年10月初版第1刷刊　Ⓒ編著者　本　田　恵　子
2023年8月初版第4刷刊　著　者　大　森　良　平
　　　　　　　　　　　　　　　吉　満　美　加
　　　　　　　発行者　藤　原　光　政
　　　　　　　発行所　明治図書出版株式会社
　　　　　　　　　http://www.meijitosho.co.jp
　　　　　　　　　　　（企画・校正）中野真実
　　　〒114-0023　東京都北区滝野川7-46-1
　　　振替00160-5-151318　電話03（5907）6702
　　　　　　　ご注文窓口　電話03（5907）6668

＊検印省略　　　　組版所　株式会社木元省美堂

Printed in Japan　　　　　ISBN978-4-18-385811-5
もれなくクーポンがもらえる！読者アンケートはこちらから→